パーティシパント・ワークブック

キャリア・マネジメント
変わり続ける仕事とキャリア

［著］エドガー H. シャイン／ジョン・ヴァン＝マーネン
［監訳］木村琢磨
［訳］尾川丈一／藤田廣志

by Edgar H. Schein / John Van Maanen
supervised by
Takuma Kimura
translated by
Joichi Ogawa / Hiroshi Fujita

FOURTH EDITION

CAREERS
ANCHORS

◎発行所◎
㈱プロセス・コンサルテーション

◎発売元◎
白桃書房

〈『キャリア・マネジメント』3部作の書名の記載について〉

本邦訳書『キャリア・マネジメント』は，E. H. シャイン & J. ヴァン＝マーネンの著作による *Career Anchors*, 4th Edition　3部作のうちの1冊です。各巻は，

Self-Assessment（セルフ・アセスメント）
Participant Workbook（パーティシパント・ワークブック）
Facilitator's Guide（ファシリテーター・ガイド）

と分かれており，本書中でそれぞれの書名を示す際は「キャリア・マネジメント」とは称さず，『セルフ・アセスメント』『パーティシパント・ワークブック』『ファシリテーター・ガイド』と記載しています。

CAREER ANCHORS
The Changing Nature of Work and Careers
Participant Workbook
Fourth Edition
by
Edgar H. Schein & John Van Maanen
Copyright © 2013 by John Wiley & Sons, Inc. All Rights Reserved.

All Rights Reserved. This translation published under license.
Translation copyright © 2015 by Process Consultation Inc.

Japanese translation rights arranged with
John Wiley & Sons International Rights, Inc., New Jersey
through Tuttle-Mori Agency, Inc., Tokyo

目次

はじめに ———————————————————— 5

キャリア開発 ————————————————— 7
 「内的キャリア」とキャリア・アンカー ……………… 7
 外的キャリアのステージとキャリアの動き ……………… 9
 内的キャリアにおけるキャリア・アンカーの開発 ……………… 12

キャリア・ヒストリー分析を行い，キャリア・アンカーを明らかにする —— 16

8種類のキャリア・アンカー・カテゴリー ———————————— 24
 専門・職能別能力 ……………… 25
 経営管理能力 ……………… 30
 自律・独立 ……………… 38
 保障・安定 ……………… 41
 起業家的創造性 ……………… 43
 奉仕・社会貢献 ……………… 47
 純粋な挑戦 ……………… 49
 生活様式 ……………… 51

キャリア・ヒストリー分析の評価と
『セルフ・アセスメント』での自己採点 ———————————— 56

よくある質問 — 58
- 他にもキャリア・アンカーはありますか？ …… 58
- キャリア・アンカーという概念はどのような仕事でも活用できるのでしょうか？ …… 59
- 2つ以上のキャリア・アンカーをもつことができますか？ …… 62
- キャリア・アンカーは変わりますか？ …… 64

改革を進める：自分のキャリア・アンカーと仕事・家族・自分自身の折り合いをつける — 67
- 役割マップ：あなたの現状を分析する …… 68
- 仕事キャリアと家族／生活の優先グリッド：あなたの現状を分析する …… 76

未来のことを考える — 85
- グローバリゼーションとリストラクチャリング …… 85
- ITと専門性 …… 87
- サポートとサービスの機能 …… 89
- 不確実性，不安感，チームワーク …… 91
- 新しい組織形態 …… 94
- 相互依存性と協力 …… 96
- 仕事，自分，そして，家族 …… 100

あなたのキャリア開発のためのヒント — 106
- 将来の職務要件を評価する …… 107
- 次のステップ …… 111

【鼎談】日本語版刊行にあたって — 115

参考文献と関連書籍 — 130

著者について — 133

はじめに

　この『パーティシパント・ワークブック』の目的は，読者の皆さんにキャリア開発に関する情報を提供し，自己発見のプロセスを紹介することにあります。自己発見のプロセスを実行すれば，皆さんのキャリア・アンカーを十分に理解することができ，現在の仕事の状況と可能なキャリアの選択肢を分析することが可能となります。キャリア開発のプロセスをよりよいものにしていくためには，キャリアがどのように発達し，その開発においてキャリア・アンカーがどのような役割を果たし，キャリア・アンカーをいかに仕事の特徴と関連づければよいかをきちんと理解しなければなりません。

　あなたのキャリアの方向性のおおまかな原画を明らかにするため，『セルフ・アセスメント』を終えてもらっていると思いますが，『セルフ・アセスメント』は，キャリア・アンカーがどのように発達するのか，キャリア・アンカーがどのように機能するのか，あるいは，そのようなキャリア・アンカーがどのように仕事や家族，個人的な関心に関連しているのか，をきちんと検証することで，キャリア・アンカーを理解できるようになります。あなた自身の状況をより深く理解するために，このワークブックにはあなたのキャリアを振り返るページがあります。自分で記入しても構いませんが，できれば，あなたをよく知る人物に協力してもらい，インタビュー形式で記入し，フィードバックしてもらうのが良いでしょう（18～23ページ参照）。

　キャリア・アンカー診断の後に続いて，この『パーティシパント・ワークブック』では，あなたの現在のキャリアと仕事の状態を分析する「役割マップ（66ページ）」を作成する方法を解説し，あなたのキャリア・アンカーが現在の仕事とどれくらいマッチしているかを評価します。このセクションではまた，あなたの現在の仕事に存在する役割の曖昧さ，役割の過重，役割から生じる葛藤の問題と，そのような問題を解決するために何をするべきかを考えることができます。

次のセクションでは,「仕事キャリアと家族／生活の優先順位グリッド」を紹介します。この「仕事／キャリア＆家族／生活の優先順位グリッド」を使用することで,家族や仕事,個人的な関わりにおいて,あなたのキャリアに関与するさまざまな妥協点を探ることができます（76ページ）。このセクションでは,現在と将来において,あなたが親しい他人――パートナーや親密な人々――と過ごす時間に対して,どのくらい仕事やキャリアに打ち込みたいと願っているのか,あるいは,実際にどのくらい打ち込んでいくと思うかを考えてください。グリッドに自分自身を位置づけることは,あなたが家族や個人的な責任と,仕事の責任や仕事との関わりを,長期にわたって,どのように統合させるのか,あるいは,統合させたいのかを評価することになります。

その次のセクション「未来のことを考える」（85～105ページ）では,仕事の世界がどこに向かっているのか,という問題を取り上げています。職場や社会,世界全体で起きている変化について考えていただきます。傾向を明らかにし,何が起こるかを予測するのはかなり難しいことですが,起こる可能性が高いと思われる変化もあります。また,このセクションでは,個別のキャリア・アンカーに関して,どのような未来が待ち受けているかという情報を提供しています。

この『パーティシパント・ワークブック』は,「あなたのキャリア開発のためのヒント」というセクションで締めくくられています（106ページ）。このセクションでは,仕事の世界で,あなたの将来をどのように考えればよいか,ということに関して,いくつかのヒントが提供されています。50項目に及ぶチェックリストがありますから,このチェックリストを使って,将来の仕事で求められることに関する,あなたの現在の強みと弱みを評価してみてください。また,このチェックリストを使えば,あなた自身が成長するために何が必要であるかを見きわめることができるはずです。

キャリア開発

■「内的キャリア」とキャリア・アンカー

　「キャリア」という言葉はさまざまな意味やニュアンスで使われます。「キャリアがある」という言葉は，専門職に就いている人，あるいは，その職業生活が十分に構造化されていて，安定した評価や出世を期待できる職に就いている人にだけ用いられることがあります。しかし，もしも，キャリアを自分の職業のステップまたは段階としてとらえられるものであるなら，誰もが「キャリア」をもっていることになります。そして，キャリアは個人の自己イメージやコンピテンシー（訳注：高い業績をあげる人のスキル・知識・能力・行動特性），やる気や価値観によって，「しっかりと固定されて（anchored）」いるのです。

　これは「内的キャリア」と考えられるもので，他人がある人の仕事人生とみなしていることとは区別されるものです。誰でも自分の仕事人生や役割について自分自身のイメージをもっています。「内的キャリア」という言葉と他の用語を区別するため，その職業において前進していくことが職業上または組織から要求・期待される現実のステップを表すものとして，「外的キャリア」という言葉を使うことにします。医者になるためには，医学部を卒業し，インターン，研修医を経験して，医師国家試験合格，という段階を通過しなければなりません。また，組織によっては，ある部門のゼネラル・マネジャーという真のゼネラリストとしての地位を獲得するまでには，数種類の事業部門を経験し，人を管理することを学び，ある職能部門の管理職としての経験を積み，国際部門を経験してから，経営スタッフの一員に加わらなければなりません。

　たいていの外的キャリアには，トレーニングや見習い期間が含まれます。この間に，参加者は仕事を学び，同時に，その人物にスキルがあり，職務を

こなせるだけのパーソナリティ特性があるかをテストされます。組織によっては，キャリアパスを説明しています。これにより，その人が目標とする仕事に就くために必要となるステップ，あるいは，少なくとも望ましいステップを定義することができます。このような組織が公式に定めたキャリアパスの分かりやすい例として，軍隊や官公庁をあげることができます。軍隊や官公庁では，地位が明確に定義され，1つの地位から次の地位へ昇進や，それに伴う昇給のルールが明確です。

他にも極端な例を挙げるとすれば，徐々に広がりを見せている，「バウンダリレス・キャリア（境界のないキャリア：訳注：外部との明確な境界があり，1つの雇用主の下で正規の雇用関係を結ぶ安定的なキャリアではなく，内外という境界がなくなり，労働者が自己管理するキャリア）」，あるいは，「プロティアン・キャリア（訳注：変化に対応して自らも変化し，地位や収入などの客観的価値観ではなく，個人的価値観に基づく心理的成功を重視するキャリア）」と呼ばれるものがあります。このようなキャリアは，より形にとらわれないもので，ほぼ自分自身によりマネジメントされ，多くの転職を伴うこともあります（Arthur & Rousseau, 1996 ; Briscoe & Hall, 2006 ; Briscoe, Hall, & Mayrhofer, 2011）。かつての組織は「雇用保障」を約束したものですが，現在の雇用主は何も約束しないか，「エンプロイアビリティの保証」をするだけで，仕事をしながらスキルを習得すれば，どこか他の場所で仕事に就ける可能性が高まるだろうということをほのめかすだけになりました。組織におけるキャリア・プランニングおよび開発プログラムは——かつては，比較的強い人事部の領域でしたが——廃止はされないにしても，かなり削減されてしまっています。というのも，企業はより柔軟で「リーンな（無駄のない）」雇用方針をもつようになっているからです（Farber, 2008 ; Harrison, 1997）。

これに関して，労働市場において，専門職やマネジャー職も含めて，契約社員や臨時雇用者は増え続けています。専門職やマネジャー職の在職期間は，この20年間，すべての先進国において急激に短くなっています（Barley & Kunda, 2006 ; Osterman, 2008）。ますます多くの人々が，同時にいくつかのパートタイムの仕事に就くか，短期の契約社員となっています。そして，私たちの多くは，生涯1人の雇用者に雇われるのではなく，複数の組織を渡り歩くキャリアを想定しています。また転職を繰り返す「ジョブ・ホッピング」も当たり前のことになってきました。2000年にアメリカで仕事を始めた人々は，仕事の世界から引退するまでに12から15回，転職するという予測もあります（Sennett, 2006, p.95）。

（1980年代から加速し始めた）これらの傾向は，従来よりもキャリアがは

るかに不安定で不確実になったことを意味します。私たちはますます，自分のキャリアを自分自身でマネジメントしなければならなくなりました。それは，仮に1つの組織で働き続けたいという場合でも同じことです。それゆえに，自分の内的キャリアを理解し，その内的キャリアにおいてキャリア・アンカーが果たす役割を理解することが，これまでよりも重要になったのです。

■外的キャリアのステージとキャリアの動き

　キャリアが組織に深く根づいている場合，外的に定義されたキャリア・ステージは，多くの場合，正式な職業別基準と組織により定義されています。このため，若いエンジニアは，必要となる教育に関して，自分の外的キャリアを理解してから，技術員あるいは経営研修生として企業に入り，組織で定められた「キャリア開発」を受けます。たいていの組織には，「キャリアパス」があります。キャリアパスは，新入社員が何を経験してきたかを示す縦断的データであり，若いエンジニアや将来のマネジャーがどのようなステップを踏むべきかを示すものです。しかし，前述したように，キャリアの世界が変わるにつれ，このような標準的キャリアパスは職業や組織において，その姿が見えにくいものになっています。

　先進国では，人々がキャリアの世界に入り，キャリアを通して成長することに苦労する光景を目にします。就職の見通しが悪く，雇用が不安定で，高い学位や専門教育という資格証明ばかりを要求される現実に向き合わなければならないからです。構造的に，高い失業率が続いているため，求職者の期待に合致するような仕事は少なくなり，世界中で大学を卒業した高学歴な者でさえ，就職するのが困難となっています。いわゆる「アコーディオン・ファミリー」が増加していますが，これは，アダルト・チルドレンの産物であり，自分のキャリアを前進させることができず，大学卒業後に親の家に戻り，いつになったら自立できるのか分からない若者を意味します（Newman, 2012）。生活費が高く，新卒者でも就けるような労働条件のよい仕事は不足しているため，大学卒業生をもつ家庭の多くは，嵐を避けるシェルターとして，福祉国家における最初の頼みの綱としての役割を果たしているのです。

　多くの組織や職業を検証すると，一般的なキャリア・ステージを分析することができます。(1)特定の分野を選ぶ，前キャリア期間，(2)その分野に入るための教育的準備，(3)選択した分野や職業に就くための正規教育，(4)幸運に恵まれれば，その職業や組織に入る，(5)追加の教育，実習，社会化，(6)自分の才能をフルに活用することで，恒久的メンバーシップ，専門のライセンス，その他の資格を獲得し，「終身雇用権（テニュア）」を与えられる，

(7)1か所以上の組織で生産性の高い仕事をする期間，(8)次第に，管理，経営，コーチ，メンタリング，その他の形式で「リーダー」の役割を果たすようになる，(9)次第に仕事から引き始め，パートタイムの仕事や今までとは異なる種類の仕事を始める，(10)引退。このような全般的なキャリア・ステージは過去よりも現代の方が予測することは難しく，安定したものでもなくなってきています。しかし，私たちの想像では，外的キャリアを構築するものとして影響力は以前よりも強くなっています。

　外的キャリアのある地点で，挑戦やチャンス，報酬に関して外的キャリアが提示するものと，内的キャリアやキャリア・アンカーが求めるものとが一致していないことに気づくことがあります。その時点で，別のキャリア・アンカーに移り，ステージをやり直す人もいますが，多くの場合，ゼロからのやり直しにはなりません。なぜなら，ある1つのキャリアでの経験は，別のキャリアでも活用できるからです。専門技術を重視する組織に採用されたエンジニアが才能に気づき，ベンチャー企業や管理職に挑戦することもありますし，自分で会社を立ち上げたり，管理職になれる機会の多そうな組織に転職したりすることもあります。そのよう場合，なんらかのマネジメントのトレーニングを受けてから，新しいキャリア・ラダー（訳注：キャリアの階梯，はしご）を一段目から昇ることになります。

　ある組織における外的キャリアのキャリア・ステージ，あるいは，いくつかの組織を横断する外的キャリアのキャリア・ステージは，異なる3方向へ動いていくと考えられます。その3方向とは，(1)職能あるいは組織の階層を垂直方向（タテ）に上がっていく，(2)職能のさまざまな部門や組織の職能グループを水平方向（ヨコ）に移動する，(3)職能や組織における影響力やリーダーシップを表す中心部に移動する，です。その人が内的キャリアにおいて何を求めているかにより，3方向への動きは異なる意味をもちます。マネジャーのような人にとっては，上昇するタテの動きが重要になります。技術者のような人にとっては，チャレンジングな仕事や，新しいことに挑戦できるヨコ方向の動きが重要になります。権力志向や社会への貢献を求めている人にとっては，内側の影響力のある位置に動くことが重要になります。異なるキャリア・アンカーをもつ人は，異なる方向へ向かって進もうとします。図1を見れば，この3方向を理解することができるでしょう。

　それぞれの方向は，それに関連するステージがありますが，特定の職能や組織に特有のものがあります。要するに，外的に定義されたキャリアにおけるキャリア・ステージは，キャリアが進む道としての，ある職能や組織により定義された役割や地位のシーケンス（連続）を意味します。これは私たちの履歴書に書かれたり，仕事の世界における現在までの軌跡や，これからど

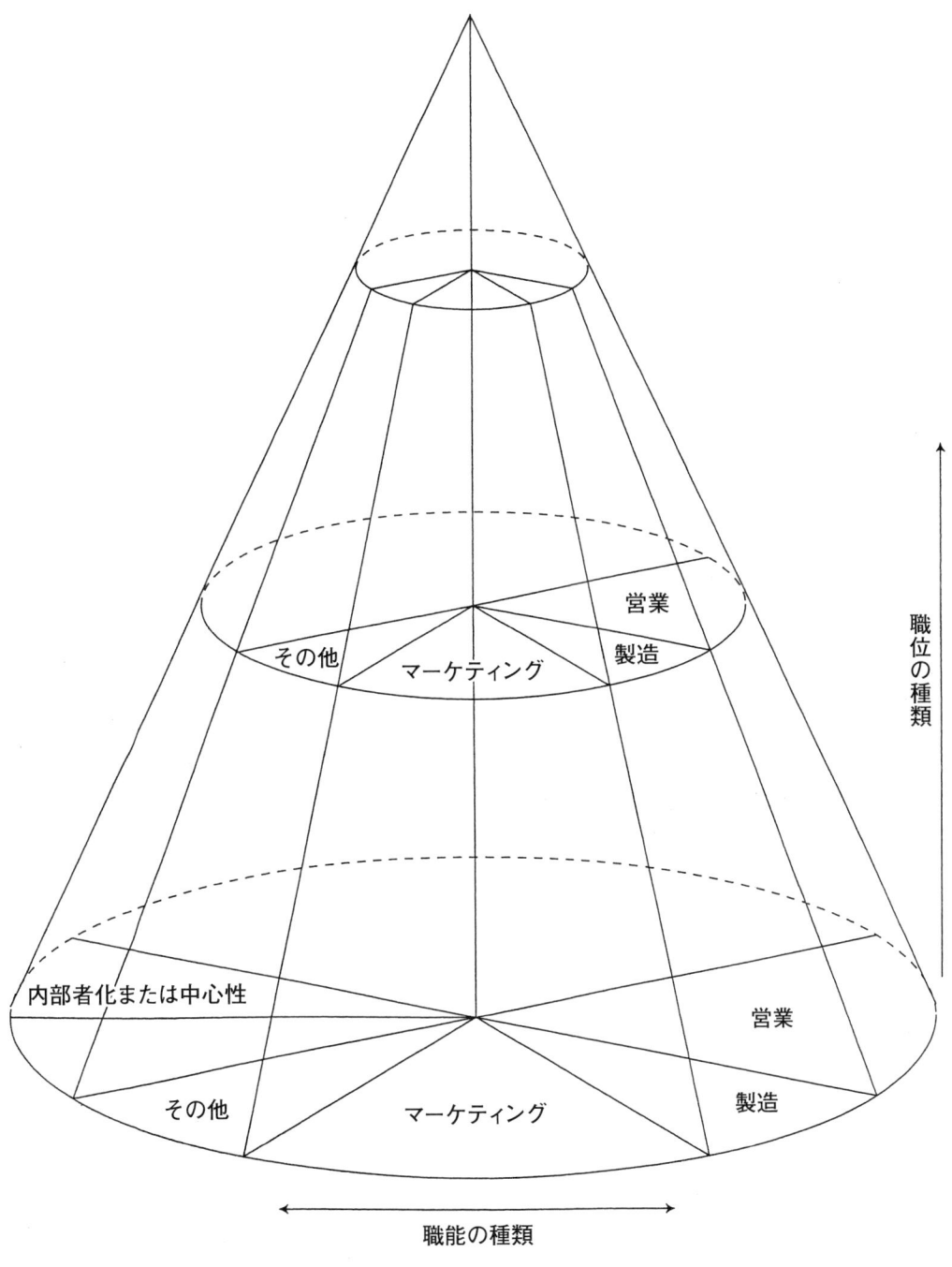

図1　組織の3次元モデル*

＊——出所は次のとおり。E. H. Schein (1971). "The Individual, the organization, and the career: A conceptual scheme." *Journal of Applied Behavioral Science, 7*, p.404 より。著作権は JAI Press 社にありますが，許可を得てここに転載しています。

こに進みたいのかを説明する際に使用されたりします。また，重要なことですが，外的キャリア・ステージは，その人の内的キャリアを反映している場合もあれば，反映していない場合もあります。

■内的キャリアにおけるキャリア・アンカーの開発

　教育や仕事の経験を積むにつれ，私たちは学ぶ機会を与えられます。それぞれの経験を，良いか悪いか，おもしろいかおもしろくないか，有益か無駄か，と単純に判定するのではなく，「自分について何を学んだのか」を問いかけてください。私たちは成長するにつれて，仕事という活躍の舞台に何が「ある」のか，だけでなく，それぞれの経験に対する自分の反応がどのようなものであるかを学ぶ必要があるのです。これらの反応は次の3つの点から考えてみるのがよいでしょう。

1. **スキルと能力**（コンピテンシー）：あなたは経験から，自分が何が得意であるかを学ぶ必要があります。これは，あなた自身の評価や他の人からのフィードバックから学ぶことができます。
2. **動機**：あなたは経験から，あなたが本当に望んでいることは何か，を学ぶ必要があります。人生の初期においては，私たちは自分が何を望み，あこがれのキャリアは何であるかを分かっていると思っていますが，経験を積むにつれて，自分が好きなこと，嫌いなことを発見し，あこがれのキャリアのいくつかは非現実的であり，新しい野心が芽生えていることに気づくようになります。
3. **価値観**：あなたは経験から，あなたの自分の職業や組織にとって重要だと考えていること，あなたの同僚が価値を置いていること，あなたが遭遇する組織文化がそのような価値観にどのくらい合致しているのかを検証するなかで，あなた自身は何に価値を置いているかを学ぶ必要があります。

　あなたが経験を積むにつれて，これらの点に関して明確な考えをもつようになり，やがて，あなたは何が得意で，何が不得意なのか，何を望み，何を望んでいないのか，何に価値を置き，何に価値を置かないのか，という自己概念をもつに至ります。この自己概念があなたのキャリア・アンカーなのです。

　この自己概念は，人が青年時代の経験や教育によって得たあらゆる洞察をもとにできあがっています。しかし，それはキャリアを歩む人が現実の職業

経験を十分に重ねていって，才能，動機，価値観をよく理解するようになるまでは，熟成した自己概念にはなり得ません。こうしたことを学習するためには，おそらく，10年，ないしはそれ以上の現実の仕事の経験が必要になるでしょう。自己概念というものは，その人が多種多様な経験をし，そのたびに意味のあるフィードバックを受けていれば，ずっと早く発達していきます。それとは逆に，キャリアの初期においてわずかな職務しか経験したことがなく，フィードバックを受ける機会も少なければ，自己概念の発達にはより多くの時間がかかります。

　才能，動機，価値観は複雑に絡み合っているので，自分のキャリア・アンカーを発見するのは難しいかもしれません。人は自分が価値を感じていることや動機づけられているものは，うまくできるようになります。これと反対に，たまたまうまくやることができたことに価値を見出し，動機づけられることもあるでしょう。うまくやれないことを避けることも徐々に学習していきます。もっとも，きちんとフィードバックをされなかったために，同じような失敗ばかりを繰り返しているという錯覚に取りつかれていることもあるでしょう。モチベーションを伴わない才能が徐々に衰えていくのと同様に，才能を伴わないモチベーションもやがて衰えていきます。それとは逆に，新たなチャレンジによって，以前には表面化するチャンスがなかった隠れた才能が開花したり，モチベーションが生まれたりすることもあるでしょう。

　そもそも，才能，動機，価値観のうちどれが初期キャリアの選択に強く影響するかは，人によって異なります。しかし，時間が経過するにしたがい，合致点を求めようとする欲求が引き金となって，人は，これらの自己概念のさまざまな要素間の一貫性や統合を求めるようになっていきます。このような欲求は，一貫したキャリアパスを示すよう他者から求められることによって生じることもありますし，私たち自身が，経験に伴って安定して前進していける強固な土台をもつキャリアを形成したいと思うことによって生じる場合もあります。では，どのようにしてこの一貫性を実現するのかを考えてみましょう。最初に人は，大志や希望，恐れ，幻想をたくさん抱えて仕事の世界に入っていきますが，それに比べると自分自身に関する情報，特に自分の能力や才能に関しては，ほとんど情報をもっていません。知性や運動神経，興味や動機，価値観について，テストやカウンセリングを通じて漠然と理解することができますが，ある特定の仕事に就いたときにそれをどのくらい適切にこなせるのか，それに情緒面でどのように対応していけるのか，などについて正確に予測することはできません。

　このことは，技術者から管理職になる人において顕著です。なぜなら，マネジメント業務に必要な対人スキルや感情面のスキルの一部は，教育のなか

で疑似体験をするのが難しいからです。たとえば，高額の契約，スタッフの採用や解雇，大切な部下に向かって「ダメだ」というときなどの状況は，実際に肌で感じてみなければ，そういったことが本当にできるのかどうか，やってみたいのかどうかは分からないわけです。つまり，実際にその職務を遂行してみなければ，自分の能力が果たしてその仕事に適しているのか，それが好きなのかどうかは分からないわけです。やってみないと分からないという，この原則は他のさまざまな職種にもそのままあてはまることです。

ある職種についたばかりの時期は，大切な学習時期になります。その職種や組織について学び，職務の要請との関連において自分自身について学びます。この過程は往々にして苦しいものになることがあります。また，驚くようなことにもたくさんぶつかります。それはまだ，最初の仕事に就く多くの人々が，仕事経験について誤解や幻想をたくさん抱いているからです。そうなると，多くの人々が抱く自分自身に関する夢とか，自分の仕事がどのようなものなのかについての夢は，仕事の経験と食い違うかもしれません。その結果，「リアリティ・ショック（訳注：社会学者のエバレット・ヒューズにより最初に提唱され，のちにエドガー・シャインにより一般に認知されるようになった概念で，新しい会社や新しい職種についた直後に味わう幻滅感や期待外れによるショックを意味する）」が生じます。これはどの職種においても初期段階に見られる現象です。

人々は仕事の経験を重ねるにつれて，選択の機会に遭遇します。いくつかの選択を通じて，本当に大切だと思うものを確認し始めます。各個人にとって中心となるテーマが表れます。自分が活用したいと思う大切な技能や能力，人生を方向づける重要な動機や価値観が明確になってくるというわけです。それまでにもこうした要素をうすうす感じてはいるでしょうが，実際の人生経験がないと，それらがどれだけ重要なのかが分からないのです。また，ある才能，動機，あるいは価値観が，重要性という点で，自分のパーソナリティ全体のなかでどのような順序で並んでいるのかも分からないのです。難しい選択に直面するようになってはじめて，ようやく自分にとって何が本当に大切なのかを判断することができるようになっていくのです。

仕事の経験やフィードバックを積み重ねることによって，自己の内面が明確になり，洞察が進みます。より合理的に，よりエンパワーされた形でキャリアに関する決定をするための基盤ができあがります。こうなると自己概念は，キャリア選択の指針，またはキャリア選択を方向づけるアンカー（訳注：「アンカー」＝「船の錨［いかり］」の意味。シャイン自身が多くの人々をインタビュー調査をするうちに至った概念）として機能し始めるようになります。何が「わたし」なのか，何が「わたしではない」のか，といった感

覚をもち始めるわけです。アンカーを知ることによって，人は航路から外れないように，また，安全な港に停泊することができるようになっていきます。人々はキャリアの選択を重ねるにしたがって，航路から外れたときに引き戻されるところ，自分が本当にやりたいことをよく考えるための拠り所，あるいは，自分自身を発見する拠り所としてアンカーを参照するようになっていくのです。このプロセスを通じて，人々は，幅広いゴールから，選択を迫られたときにあきらめたくない何かをより明確に知る，という感覚へと次第に移行していきます。キャリア・アンカーとは，困難な選択に直面したときにも，けっしてあきらめたくない個人の自己概念の1つ要素，と定義されます。もし，仕事が自分のアンカーを表現できるものではないとき，人々はアンカーを，趣味の世界や副業，レジャー活動の中で表現していく方法を見出そうとするのです。

キャリア・ヒストリー分析を行い，キャリア・アンカーを明らかにする

　あなたの学歴や職業に関する過去の意思決定を分析することは，あなたのキャリア・アンカーを決定する際，最も信頼のおける方法となります。『セルフ・アセスメント』では，あなたが注目すべきことを分かりやすく紹介しましたが，あなたが過去に下した決定とその決定理由を検証することで，さらに深い自己洞察ができます。18～23ページの質問に自分で答えを書き込めば，自己分析を行うことはできますが，パートナーを見つけて，質問してもらい，あなたの選択のパターンを解読するのを手伝ってもらう方がより効果があがります。

　パートナーにこれまでのあなたのキャリアに関わる出来事や将来の願望を話してください。パートナーには，あなたがくつろいだ気分で自由に話せる人を選んでください。ですから，上司や部下，あるいは，あなたの競争相手である同僚は避けたほうがよいでしょう。パートナーはあなたと同世代である必要はありません，また，同じ分野の仕事に就いている必要もありません。あなたの過去に受けた教育や職歴をよく知っている人を選ぶのが理想的です。そのようなパートナーは，あなたの学歴や職歴を検証し，客観的に分析する助けになってくれます。経験者の多くが，配偶者や親しい友人が良いパートナーになってくれたと話しています。

　パートナーがインタビュアーとしての訓練を受ける必要はありません。質問はすべて，この本に書かれています。必要なのは，あなたのキャリアに興味をもち，それについてあなたと喜んで議論してくれる相手なのです。

　インタビューには，約1時間かけてください。本書をパートナーに渡してください。パートナーにはインタビューのページにあなたの答えをメモしてもらい，インタビューが終わったら，本書を返してもらってください。その時々の決定について，なぜ，あなたがその決定を行ったのかを解き明かすようにしてください。そうすれば，あなたのキャリア・アンカーが次第に姿を

現してくるはずです。「なぜか？」という質問に対する答えのパターンのなかに最も顕著に現れるはずです。あなたが何度も転職をしているとしたら，転職の理由には，おそらくある種のパターンがあるはずです。インタビューは，そのパターンを解明してくれるものです。

キャリアプラン作成のためのインタビュー質問

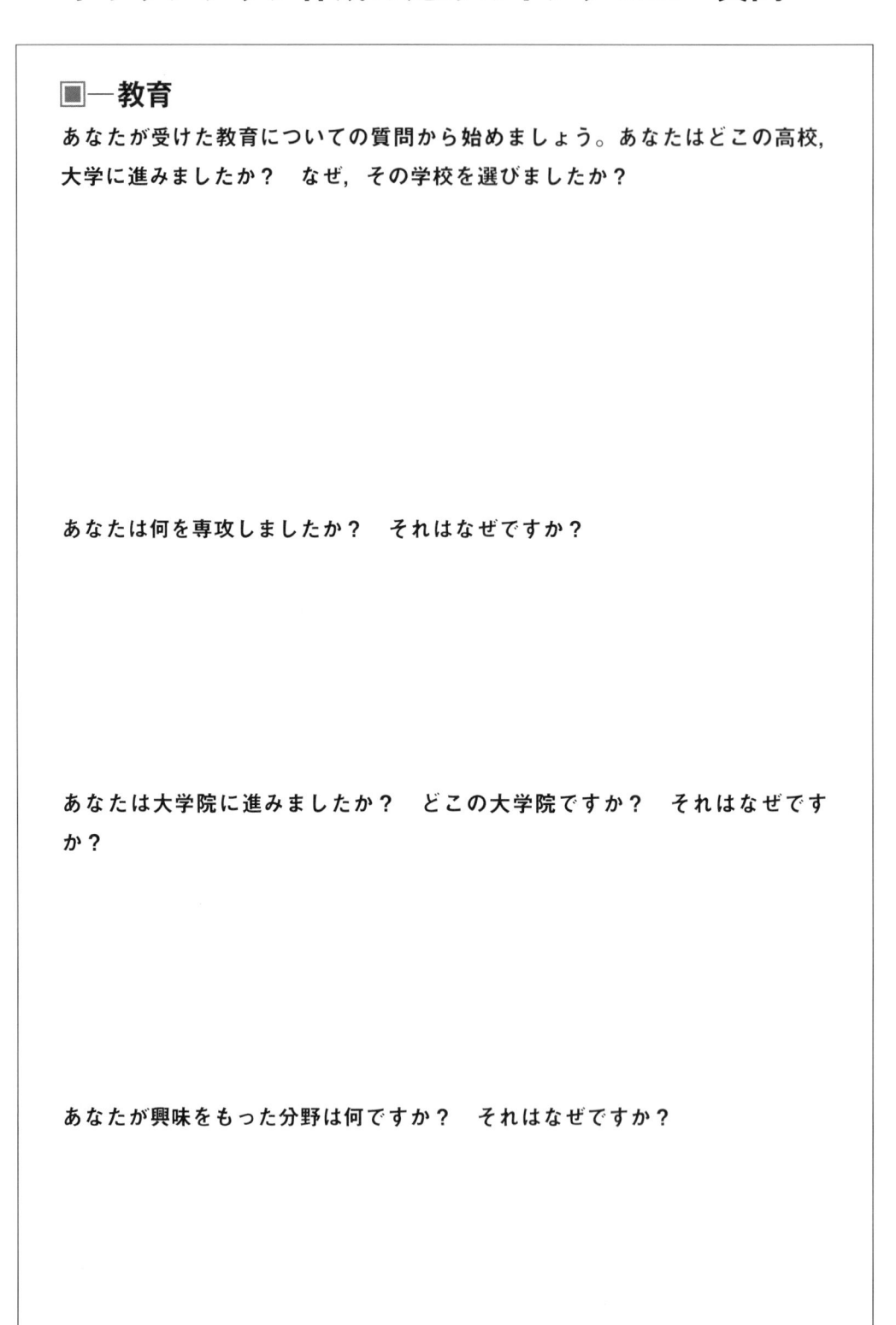

■―教育

あなたが受けた教育についての質問から始めましょう。あなたはどこの高校，大学に進みましたか？　なぜ，その学校を選びましたか？

あなたは何を専攻しましたか？　それはなぜですか？

あなたは大学院に進みましたか？　どこの大学院ですか？　それはなぜですか？

あなたが興味をもった分野は何ですか？　それはなぜですか？

■─最初の仕事

卒業後，あなたが最初に就いた本格的な仕事は何でしたか？ あなたは，その仕事に何を求めていましたか？ あなたは，なぜ，その選択をしましたか？

あなたがキャリアをスタートさせたとき，長期的な願望や目標は何でしたか？

あなたの目標という観点から考えた場合，最初の仕事はどのような結果につながりましたか？

最初の仕事から学んだことで，最も重要なことは何でしたか？

■─その次の仕事

あなたは，いつ，最初の転職またはキャリア・チェンジをしましたか？ それはなぜですか？ 何がその変化を促しましたか？ なぜ，変えることにしたのですか？

あなたの目標という観点から考えた場合，次の仕事はどのような結果につながりましたか？

次の仕事から学んだことで，最も重要なことは何でしたか？

その次に起きた転職あるいはライフイベントは何でしたか？ なぜ，それが起きたのですか？

(インタビュアーの皆さんへ：仕事，組織，人生の状況が変わるたびに，このページにある質問をしてください。必要に応じて，用紙を追加してご使用ください)

■─あらためて振り返る

あなたのこれまでのキャリアを振り返るとき，大きなターニングポイントがありましたか？　ターニングポイントは何でしたか？　それらのターニングポイントは，なぜ起きたのですか？

これまでのキャリアで，特に楽しかったことは何ですか？　それはなぜですか？

これまでのキャリアで楽しくなかったことで，この先もやりたくないと思っていることは何ですか？　それはなぜですか？

あなたの願望やキャリア上の目標はどのように変化しましたか？　現在のあなたの長期的な目標は何ですか？

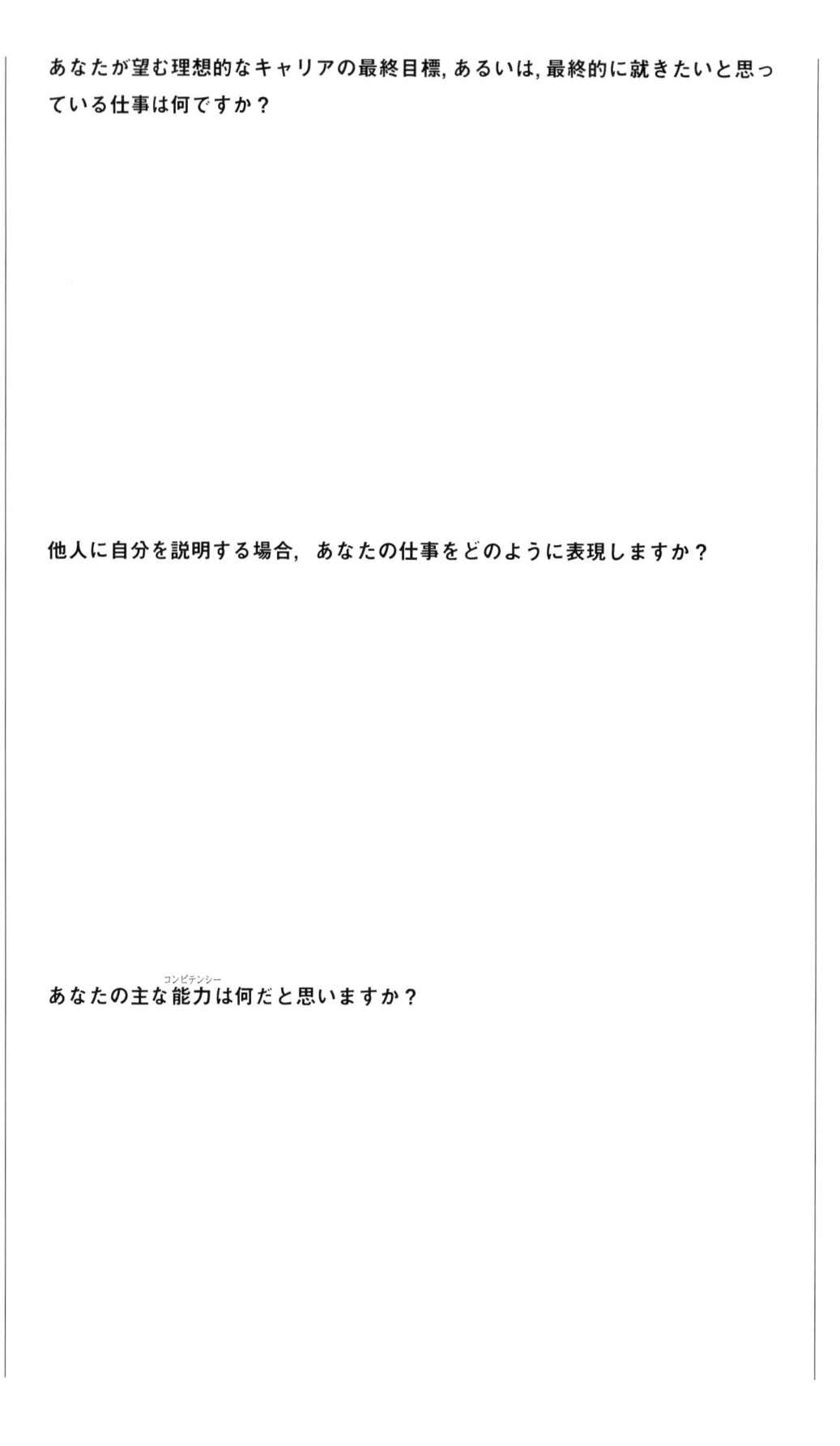

あなたが望む理想的なキャリアの最終目標, あるいは, 最終的に就きたいと思っている仕事は何ですか？

他人に自分を説明する場合, あなたの仕事をどのように表現しますか？

あなたの主な能力(コンピテンシー)は何だと思いますか？

あなたが仕事や組織を選択する場合，その基準となる最も重要な価値観は何ですか？

あなたのキャリアにパターンはありますか？

8種類の
キャリア・アンカー・カテゴリー

　これから紹介する8種類のキャリア・アンカー・カテゴリーは長期間にわたる縦断的な研究により解明されたもので，世界各国で行われたさまざまな職業に関する研究により裏づけられたものです（Schein, 1975, 1977, 1978, 1987, 1996 ; Van Maanen & Schein, 1977）。『セルフ・アセスメント』でも，キャリア・アンカーについて簡潔に解説しましたが，ここではさらに詳しく解説していきます。このセクションの終わりでは，それぞれのキャリア・アンカーに関して，自分自身を「1」から「10」までの数字で評価することができます。「1」は「わたしにはまったくあてはまらない」を，「10」は「わたしにぴったりあてはまる」を意味します。ここでの数値と，『セルフ・アセスメント』での採点とを比較してみてください。そうすれば，あなたのキャリア・アンカーを明らかにすることができるはずです。

- ⊙専門・職能別能力（Technical/Functional Competence [TF]）
- ⊙経営管理能力（General Managerial Competence [GM]）
- ⊙自律・独立（Autonomy/Independence [AU]）
- ⊙保障・安定（Security/Stability [SE]）
- ⊙起業家的創造性（Entrepreneurial Creativity [EC]）
- ⊙奉仕・社会貢献（Service/Dedication to a Cause [SV]）
- ⊙純粋な挑戦（Pure Challenge [CH]）
- ⊙生活様式（Lifestyle [LS]）

　年月を重ねるにつれて，上記以外のキャリア・アンカーも提案されてきましたが，「これだけはどうしてもあきらめたくない」と誰もが思うような「キャリア・アンカー」は新たには現れてきていません。たとえば，「多様性」，「創造性」，「地位やアイデンティティ」，あるいは，「権力」といった要素が，新

しいキャリア・アンカーとして提案されてきましたが，これらの要素が一貫して研究結果に現れたことはありませんでした。そのため，本書でも，『セルフ・アセスメント』でも，これらの要素は加えませんでした。本書に示されているキャリア・アンカーの8種類のカテゴリーを深く考察していくと，誰もがどのキャリア・アンカーにもある程度までは「関連している」ことに気づくはずです。たいていの職業は，各キャリア・アンカーのニーズをある程度満たしているものです。しかし，それらのキャリア・アンカーがあなたにとって，均等に重要なわけではありませんから，各キャリア・アンカーの相対的な重要度を理解することが大切です。そして，決断を迫られたとき，あなたがどうしてもあきらめられないことを理解しておくことは，さらに重要となります。

この概念を十分に理解し，あなた自身のキャリア・アンカーを明らかにするためには，各キャリア・アンカーの特徴を理解し，異なるキャリア・アンカーをもつ人々が互いに別の方向を目指していることを理解しておく必要があります。このセクションでは，8種類のキャリア・アンカーを解説し，それぞれの情報を皆さんに提供します。各キャリア・アンカーの解説では，最初にキャリア・アンカーの一般的な特徴を説明し，次に，そのキャリア・アンカーをもつ人が好む仕事のタイプ，報酬および福利厚生，成長の機会，評価方法を解説していきます。

■ 専門・職能別能力 (Technical/Functional Competence [TF])

自分のキャリアが開花していくにつれ，ある特定の仕事に対する才能と高い意欲をもつに至ったということを発見する人たちがいます。このような人たちは自分の才能を発揮し，専門家であることを自覚して満足感を覚え，それによって本当に「スイッチが入った」状態になります。仕事の種類を問わず，このことは起こりえます。たとえば，エンジニアならば自分は特に設計に強いということに気づき，営業担当者であれば，自分は本当にセールス業務の能力やそれへの意欲があることに気づくときがあるでしょう。また，製造現場のマネジャーは複雑な工場で操業しているうちに，だんだんとその複雑さが楽しみとなったり，財務アナリストが自分の才能を発見し，複雑な資本投資を解決することに充実感を覚えたりすることもあるでしょう。教師が教育現場において専門知識を身についていくことを実感するかもしれません。他にもこうした例がいろいろあるでしょう。

このキャリア・アンカーをもつ人々について，もう少し詳しく分析したいと思います。なぜなら，すべてのビジネス機能が複雑になるに従い，あらゆ

る組織が必要とするスキルを提供できるのは，専門・職能別能力のキャリア・アンカーをもつ人になるかもしれないからです。そして，さまざまな指標が，専門・職能別能力のキャリア・アンカーをもつ人のニーズが増加していることを示しています。

専門・職能別能力のキャリア・アンカーをもつ人は，自分のキャリアを活かせるように動きますから，これらの人々がキャリアの途中で他の分野の仕事に変わると，満足感が低下し，せっかくの技能もあまり活かされなくなったことに気がつきます。すると彼らは，本来自分が有能さを発揮でき，「喜びが感じられる分野に戻りたい」と感じ始めます。つまり彼らは自分の仕事の内容——自分が成功している専門分野や職能分野——と関連づけて，自分のアイデンティティ（訳注：これこそわたしらしい生き方だ）を形成し，その分野でさらに高い能力を身につけていくのです。

専門・職能別能力をアンカーとする人は，自分の専門分野をとことん追求できる場合に限れば，職能担当のマネジャーになろうという気持ちがないわけではありませんが，自分としては専門分野に特化する道を志向し，ゼネラル・マネジャー（訳注：事業部長などの部門長や全般管理者）になることに価値を置いていません。キャリアを歩み始めたばかりのときは誰でもほとんどの場合，専門・職能担当の実務から入り，初期段階は専門能力を伸ばすことに没頭します。だからといってすべての人が，ある専門的な仕事に熱中するわけでも，並はずれてそれに長けているわけでもありません。一部の人にとっては，専門職務それ自体が最終目的ではなく，それはむしろ組織の一人前のメンバーになるためか，将来の保障を得るための一手段と考えます。専門職を単にゼネラル・マネジャーに至るための組織の昇進の階梯（はしご）における第一段階と見る人もいるでしょう。独立，起業に必要とされるスキルや人脈を得るための機会ととらえる人たちもいるかもしれません。その結果，専門分野を担当することから始まる点では皆同じですが，一部の人だけがそれに本質的なやりがいを見出し，自分の専門性を中心としたキャリア・アンカーを形成していくのです。

好まれる仕事のタイプ

このアンカーの人たちにとって望ましい仕事の特性のうち最も重要なのは，仕事が彼らにとって技術的にチャレンジングなものであることです。自分の能力や技能を試すことのできない仕事だとすぐに退屈してしまい，意義を見失います。その結果，他の仕事を探し始めることもあるでしょう。この人たちは，いかに才能を発揮できるかによって自尊心が左右されますから，才能を活かせる仕事を好むわけです。このアンカー以外の人たちの関心が，

どちらかといえば仕事をとりまく文脈(コンテキスト)に向かうのに対して，このキャリア・アンカーの人たちの関心は，あくまで仕事の内容そのものにあります。

　自律的に働くコンサルタントや保守担当者などとは対照的に，組織に所属している専門・職能別能力の人たちは，目標設定に進んで参加します。そうすることで，自分の仕事を組織にとって重要な意味をもつものにすることができるからです。しかし，いったん目標の合意が得られ実行の段階になると，彼らは最大限の自律性を望みます。自律的に実行することを望むだけでなく，自分の能力を最大限に引き出しながら仕事を順調に進めるため，必要な設備，予算，その他すべての資源を制約なく使いたいと望みます。経費を抑え込もうとするゼネラル・マネジャーと，仕事を的確に遂行するためなら必要なものは何であれ使うことが望ましい（時間もたっぷりと使いたい）と考えるスペシャリストとの間にしばしば対立が生じるのは，こんなところに理由があるのでしょう。

　アンカーが専門・職能別能力にある人は，仕事を成し遂げ，質の高い成果を出すために必須と思われるときに限り，事務的な作業を我慢して引き受けます。しかし，あくまでそれは必要上やむを得ない，いやなことであり，あまりそのこと自体が楽しいというような仕事ではないというのが彼らの本音なのです。そのため，ゼネラリストとしてすべてをとりまとめる仕事に昇進することは，彼らから見るときわめて好ましくないことになるのです。それは自分のアイデンティティとなっている専門的な仕事から離れなければならなくなるからです。

　このグループの人たちの場合，マネジメントに求められる対人関係の側面に関する才能は人によってまちまちです。したがって，このような人たちが管理職へと昇進し，自分が監督業務に必要な才能をもっていないということに気づいたときには，たいていの場合，組織のなかで行き詰まってしまいます。いったん管理職になってしまうと，簡単に専門・職能分野ごとのスタッフ職に戻るというキャリアの道筋が用意されていないのが実情です。

　専門・職能的なキャリアのなかで，キャリアを歩みながらいつまでも担っていける役割や，チャレンジングな仕事を見つけることは，個人，組織のどちらにとっても難しいものです。若い人たちを育てる先生役やメンターのような立場になるのが1つの現実的な解決になるかもしれません。この種の人が，自分の専門分野のなかでなんらかのゼネラリストになれば，問題をより広い視野で見ることができるようになり，ベテランのスペシャリストとしての経験をいかせるように，専門・職能別能力のキャリア・アンカーをもつ人のために職務を再設計することも1つの方法です。

好まれる報酬体系と福利厚生

　　　　専門・職能別能力の人たちは，自分の技能水準に見合った報酬を望みます。多くの場合，学歴や仕事経験のレベルによって，報酬が決まることを望みます。博士号をもっている人であれば，具体的な業績とは関係なく，修士号レベルの人より高い報酬を期待します。この人たちは，外的衡平性を求めます。すなわち，つまり他の組織で自分と同等の力をもっている人がどのくらいの収入を得ているかと比較して考えるわけです。自分の所属している組織内で最高レベルの収入を得ていても，他の組織にいる同等の職位の人と比べて収入が低いと感じれば，公平でないと感じます。

　　　　また専門・職能別能力の人たちは（訳注：他の人との比較という相対的なものではなく）絶対的で明確な給与水準を望みます。業績賞与やストック・オプションなどの特別インセンティブは，「よくやった」ことに対する承認にはなっても，報酬としては好まれません。このキャリア・アンカーの人たちは，やめたくなったら自由にやめることができ，組織にいる間はもらえるものはもらいたいと考えるので，（生命保険や退職金など）自分が必要とする福利厚生については，必要なものだけを自由に組み合わせることができる「カフェテリア」方式と呼ばれるような福利厚生プラン（訳注：一律に全員に同じ福利厚生を提供するのでなく，一定の点数を各人に付与して，その点数内で各人が必要に応じて，教育，保険，住居等を組み合わせ，それぞれのウエイトを選べる仕組みのこと）を好み，転職したときでも自分と一緒に移動できるシステムが具体化されることが彼らにとっては望ましいのです。彼らは「黄金の手錠（訳注：golden handcuffs，お金を得ることと引き換えに，自分らしさ，自由を束縛されること）」につながれることを恐れます。それによって，チャレンジングではない仕事にはまり込んでしまうかもしれないからです。

好まれる成長機会

　　　　このキャリア・アンカーをもつ人たちにとって，成長は，新しい業務によって，与えられる技術的なハードルが高くなることで示されます。「昇進」は，自律性や教育を受ける機会が増えることで示されます。このキャリア・アンカーの人々は，管理職の昇進経路と並行して専門職の昇進経路という2つの階梯が複線型に制度化されることを望みます。自分の専門領域にとどまれる場合を除き，管理職への昇進を要求される制度に怒りを感じる人さえいるようです。専門職の昇進階梯は，研究開発関係やエンジニアリング関係の部門の組織に主として存在していますが，これは，財務，マーケティング，製造，IT，販売職など，組織に存在する他のすべての職能専門分野にも同じよう

に適用可能なはずです。

　今のところ，専門・職能別能力にキャリア・アンカーをもつ人たちのニーズに答えられるようなキャリア・ラダーを実現している組織は少ないでしょう。このキャリア・アンカーをもつ人々が組織の成長と成功の鍵を握っているにもかかわらず──実際に，基盤となっているにもかかわらず──，多くの場合，彼らに対するマネジメントは適切に行われておらず，特にキャリアの中期，後期においては，専門・職能別能力のキャリア・アンカーをもつ人が，（8種類のキャリア・アンカー・カテゴリーのなかでも）最も組織に幻滅を覚えています。しかし現実には，組織の技術的・職能的基盤は，高学歴で経験もあり，高い水準で仕事をする人々の勤勉さと専門知識に依存しています。なぜなら，彼らは生産した商品やサービスの品質を監視する役割を担っており，また，革新的なアイディアの推進や，次の世代のスペシャリストに自分たちのスキルや知識を伝えることが期待されているからです。

　専門・職能別能力のキャリア・アンカーの人たちにとっては，成長は，必ずしも役職昇進というかたちをとる必要はありません。給与面での外的衡平性が保たれるならば，彼らにとって大切なのは次のようなことによって報われなのです。つまり，仕事の範囲が拡大される，より大きな経営資源の活用が認められる，より大きな責任を与えられる，より大きな予算が認められる，より多くの部下を与えられる，カギとなる委員会やタスクフォースに任命されて高度な意思決定について相談を受ける，といったことなどです。

好まれる承認方法

　専門家にとって重要なのは，プロである同僚から認めてもらえることであり，これはしばしば，マネジャーからの（公式あるいは非公式な）報酬よりも彼らにとって価値のあるものです。別の言い方をすると，肩書の変更や，自分が手がけていたことの価値がよく分かっていない上司から承認されるよりも，何を成し遂げたのか，それがどれだけ難しいことなのかをよく知っているプロの同僚から，場合によっては部下から認められる方が，彼らにとっては価値のあることなのです。

　このキャリア・アンカーの人たちが最も望んでいる承認は，専門領域に関する学習や自己啓発のための機会を与えられることでしょう。自分のキャリアを通じて，技術的な先端にとどまることが，このキャリア・アンカーの人々の最大の関心事なのです。彼らにとって，教育の機会，正式な有給の充電期間（サバティカル），専門職団体の会合への出席の奨励，文献や設備の購入に補助が出されることなどは，大変価値のあることなのです。自分が年をとるとともに，技術的・職能的に陳腐化してしまうことが，専門・職能別能力

のキャリア・アンカーをもつ人にとって，最も大きな脅威なのです。

　このキャリア・アンカーに属する人々は，継続して教育を受けられることに加えて，仕事仲間や他の組織のメンバーから価値のある専門家として正式に承認されることを重視しています。給料のベースが公平で納得のいくものであれば，多少給料がプラスされることよりも，賞をもらったり，表彰されたり，名前が知れ渡ったり，広く功績が認められたりすることの方が価値のあることなのです。

　一般的に，専門・職能別能力にキャリア・アンカーのある人たちは，組織の管理のあり方がまずいと最もダメージを受けることになります。なぜなら，社内のキャリアというのは，多くの場合，次のセクションで挙げる項目を重視するゼネラル・マネジャーによってつくりあげられる傾向にあるからです。最もありがちな間違いは，最も優れた技術者を監督者にすることです。そのような監督者は，不幸せになるか，無能になるか，その両方になる場合が多いのです。そのような間違いを防ぐ方法としては，技術者に一時的にマネジメント業務を与え，その技術者にマネジメントへのモチベーションや才能があるかどうかを，個人と組織が評価する方法が考えられます。

　キャリアの移動に関して，この種の人々は，主に技術者としてのレベルアップをし，組織のなかでの影響力を増したいと考えますが，（特に，多くの異なる技術領域を抱える複数事業型の組織においては）職能の壁を越えたヨコ方向の異動やゼネラル・マネジャーへの昇進は拒否しようとするでしょう。しかし，だからと言って，専門・職能別能力をキャリア・アンカーにもつ人が高い地位に就くことができない，というわけではありません。組織で取締役の地位にまで昇りつめたけれども，「政治色が強すぎる」，「自分の世界から遠ざかり過ぎている」，あるいは「ソーシャル・ネットワーキングのスキルに左右され，何を知っているかよりも誰を知っているかが重要」と思われることの多いゼネラル・マネジャーへの昇進は嫌がる財務スペシャリスト，ＩＴスペシャリストを思い浮かべてみてください。

■経営管理能力 (General Managerial Competence [GM])

　あまり数は多くありませんが，キャリアを歩むにつれて，ゼネラル・マネジャーに本当になりたい自分に気づく人たちがいます。このような人たちはまた，経営管理そのものに関心をもち，ゼネラル・マネジャーに求められる能力を身につけていることにも気づきます（訳注：以下の訳語では，全般的管理と経営管理は同義とみなしてお読みください）。また，彼らはその立場に立って組織全体の方針を決定し，自分の努力によって組織の成果を左右す

ることのできる地位に昇りつめたいという願望をもっています。

　専門・職能別能力をキャリア・アンカーとする人たちと違い，経営管理能力にキャリア・アンカーをもつ人たちは，専門的な仕事に特化することを「わなにはまった」と考えます。彼らは，何種類かの職能分野に精通する必要性や，自分の事業領域や業界でエキスパートになる必要性は認めますが，それはゼネラル・マネジャーとして仕事をうまくやっていくうえで必要だからと考えます。このグループの人たちにとってカギとなる価値観や動機は，あくまでも企業内で上の役職へと昇進し，よい高度な責任を担う立場になり，リーダーシップを発揮し，所属する組織の成功に貢献し，その結果，高い収入を得ることなのです。

　組織に入ったばかりのときは，誰でもおぼろげには出世のことを考えます。トップになりたいという抱負をはっきりと口にすることもあるでしょう。しかし，そのときトップになるには具体的にどのような才能，動機や価値観が求められるのか，といったことまでをイメージしている人は，ほとんどいないでしょう。経験を重ねるに従って，次のようなこともはっきりと分かってきます。つまり，トップになるためにはやる気があるだけでなく，以下に述べる3つの基礎的領域において才能・能力が求められるということです。

●分析的能力

　これは不完全な情報しか手に入らないような不確実性のなかでも，問題を特定し，分析し，総合的に判断を行い，解決していく能力のことです。ゼネラル・マネジャーは，次のことがうまくできることを重視します。つまり，何が起こっているかを解読すること，無関連な細部にとらわれず本質を見抜くこと，確認する機会がなくても情報の信頼性や妥当性を判断していくこと，また，問題あるいは疑問を解決できるかたちで提起すること，を重視するのです。ゼネラル・マネジャーは，財務，マーケティング，技術，人事，その他の要素を結びつけて，組織がうまくいくように問題をとらえ，提示しなければならないのです。

　一般的には，ゼネラル・マネジャーは意思決定者だと考えられています。しかし，もっと正確に言えば，ゼネラル・マネジャーとは，意思決定ができるように，また，意思決定の根拠を周囲に理解してもらうために，問題を見つけ出して提示する能力をもっている人物というべきでしょう。つまり，ゼネラル・マネジャーは，意思決定のプロセスをマネジメントしていくわけです。そのためには職能を横断的，かつ総合的に見て，ものごとを考えなければなりません。そのためには，次にあげる他の2つの能力も同時に必要になってきます。

●対人関係およびグループ間をつなぐ能力

これは，組織の目標を達成するために，組織のあらゆる階層の人々に影響を与え，やる気を出させ，監督し，リードし，方向を定め，コントロールする能力のことです。多くのゼネラル・マネジャーは，この能力として次のようなスキルを挙げています。それは，他の人々から妥当な情報を得るスキル，部下から上がってくる情報に耳を傾け，それに対処するスキル，お互いに協働して相乗効果が出るように他の人々に働きかけるスキル，他の人々の知識を問題解決のプロセスに活かすようにやる気を起こさせるスキル，達成すべき目標を明確に伝達するスキル，意思決定がうまくなされ実施されるように促し，進捗をチェックし，必要に応じて的確に修正のアクションをおこすスキルです。

意思決定に関わる専門的・技術的な情報の多くは，専門・職能別能力をキャリア・アンカーにもつ，やる気があり有能な部下や同僚が握っています。そのため，うまく問題解決するという目的のために適材を集め，これらの人々の情報やコミットメントをフルに活用するような雰囲気をつくりあげる能力をゼネラル・マネジャーがもっているかどうかによって，意思決定の質は大きく左右されます。組織がより技術的に複雑化し，グローバル化し，多文化化しているので，ゼネラル・マネジャーは，異文化コミュニケーション，異文化間の対話ができる環境をつくり出さねばなりません。今日では，問題の複雑さゆえに，さまざまな視点をもつ人々の協力が必要になっているので，より多くの意思決定が職能や文化の垣根を越えて行われているため，ゼネラル・マネジャーには，洗練された集団スキルが求められているのです。問題の複雑化と同様に，個人や集団の垣根を越えて，問題やアプローチを統合して一貫した戦略をまとめ上げ，それを実行するという社会的・政治的な難題も増えています。したがって，集団に関わるスキル（グループ・スキル）がゼネラル・マネジャーにとって非常に重要なのです。

新しくマネジャーになった人は，自分が果たしてうまく他の人々の監督をできるのだろうか，あるいは，複雑なグループの状況をうまく監督し管理できるのだろうか，と心配することがよくあります。自分が人々を監督する業務を好きになれるかどうかも，それに劣らず心配の種になります。彼らが学校や軍隊，ボランティ組織等で，何かリーダー的な役割を経験していなければ，自分がどのような対人関係能力をもっているのか，どのような力が必要とされるのかについて判断材料がないからです。採用担当者が管理職採用の際，候補者の評価に学業以外の活動を重視する理由の1つはここにあるのでしょう。こうした分野での活動歴と実績（トラック・レコード）は，たとえどのようなものであっても，個人，組織双方にとって価値あるものといえる

でしょう。新任マネジャーが事前に自分を試す機会があって，仕事の対人的な側面を的確に，しかも楽しくやっていけることが分かっていたとすれば，自信や野心が一気に高まるはずです。

　他の人々を監督する才能がない，または，この種の仕事が嫌いだという人は，他の分野に向かい，そこで自分のキャリア・アンカーを形成することになります。たとえば，専門・職能別能力，自律・独立，さらには，起業家的創造性のキャリア・アンカーを形成していくことになるでしょう。組織は，人々を束ね監督する役割に向いていない，もしくは関心をもたない人たちが，不利を被ることなく管理職以外に移られるようなキャリア制度を用意することが大切です。最高レベルのエンジニアや営業担当者が管理職に昇進したがために，仕事がうまくいかなくなり，行きづまってしまうといったことがよく起こるからです。これは，その人のキャリアにとっても，会社にとっても大きな損失となるでしょう。

●情緒的能力

　これは，情緒的，対人的な問題や難局に遭遇しても疲労困憊したり落ち込んだりせずに，むしろそれから刺激を受ける能力，恐れることなく大きな責任を負うことのできる能力，困難な場面に直面しても罪や恥などを感じずに力を発揮し，決断することができる能力のことです。

　優れたゼネラル・マネジャーにインタビューすると，皆，胃の痛むような思いをして大胆な決断の方法を身につけてきたという話をします。初めは皆，それがどんなものなのか，どう対応したらいいのかについてまったく予想もできなかったと言っています。しかし，自分自身の感情をコントロールする能力に自信をつけるにしたがって，ゼネラル・マネジャーとして成功することにも自信がでてきたとも話しています。彼らはその例として次のようなものを挙げています。大切にしてきたベテランの従業員を解雇したこと，2人の大切の部下から提起された2つの提案のどちらか1つを選んだこと，大勢の命運がかかっているプロジェクトに思い切って多額の資金を投入したこと，尻込みする部下に非常に難しい仕事を割り当てたこと，沈滞した組織に活力を吹き込んだこと，より高度なプロジェクトに取り組んだこと，仕事のやり方を身につけてもらうために部下に権限を委譲して独力で仕事にあたらせたこと，何百人，何千人が職を失うようなプロジェクトの中止や部門の廃止を決めたこと，地元のコミュニティに経済的打撃を与えることを認識しながら工場の廃止を決めたこと，現場には実施段階でさえ一切口を出さず信頼して任せつつも後は自分が責任を引き受けたこと，などの例を挙げています。

次から次へとこのような意思決定を迫られるなかで，くじけることなく，ノイローゼにもならず，毎日24時間の職務を的確に遂行していくのは本当に大変なことだと大半のゼネラル・マネジャーが話しています。ゼネラル・マネジャーには，「鉄の胃」が必要なのかもしれません。また，ゼネラル・マネジャーの仕事は年中無休であり，いつでも仕事ができる状態でいなければなりません。実際に，ゼネラル・マネジャーは組織の「顔」であり，組織に深く根差し，組織につながれた状態にあり，組織に常に存在する多面的な問題に関して（良い意味でも，悪い意味でも）説明責任を負っています。ゼネラル・マネジャーの資質として欠かせないのは，不確実性や対人的なもつれ，重い責任からくる情緒的な緊張を厭わない能力です。ゼネラル・マネジャーの仕事のなかで，専門・職能別能力，奉仕・社会貢献，生活様式にキャリア・アンカーをもつ人々を躊躇させるのが，このような側面なのですが，逆に，経営管理能力にキャリア・アンカーのある人は，そのような職務であるからこそ，任務に燃え，やる気が起きるのです。

ゼネラル・マネジャーが他のキャリア・アンカーの人たちと違うのは，主にこれらの分析的，対人関係，そして，情緒的能力をもっているというところにあります。このなかのどれかが多少なりとも欠けていれば，うまく職務を果たすことができません。専門・職能別能力にキャリア・アンカーがある人には，ある特定のスキルの一要素を高度に磨き上げることが求められます。しかし，ゼネラル・マネジャーには，これら3つの領域の能力を組み合わせることが求められるのです。この点においてゼネラル・マネジャーと，職能分野ごとの専門マネジャーとは大きく異なっているわけです。このような能力は実際の経験でしか学ぶことができません。したがって，優れたゼネラル・マネジャーになるためには，かなりの時間をかけてそれらを学んでいく必要があるわけです。

好まれる仕事のタイプ

このキャリア・アンカーをもつ人たちは，重い責任のある仕事を望みます。また，挑戦的で変化に富み，皆をまとめるような統合的な仕事を好みます。また，リーダーシップを発揮できる機会，所属する組織の成功に貢献できる機会を求めます。彼らは，自分に割り当てられた仕事の魅力を，それが組織全体の成功にどの程度重要なのかという視点から評価します。彼らは組織に自分のアイデンティティを強く感じ，自分たちの仕事ぶりを組織の成功または失敗で評価します。彼らは，ある意味において，真の「組織人」ということができるでしょう。彼らは，優れた組織をマネジメントしていることによって自分のアイデンティティを表現しているのです。このようなアイデンティ

ティは，専門・職能別能力をキャリア・アンカーにもつ人とは対照的です。専門・職能別能力をキャリア・アンカーにもつ人のアイデンティティは，組織内外の専門職あるいは技術者グループからの評価にゆだねられているからです。

好まれる報酬体系と福利厚生

　このキャリア・アンカーをもつ人たちは高給を期待し，所得水準によって自分自身を評価します。専門・職能別能力をキャリア・アンカーに持つ人々とは対照的に，社外と比べた公平性（外的衡平性）よりも社内の人々と比べた公平性（内的衡平性）を好みます。彼らは，社内の序列で下位の人よりも十分に多く報酬を得たいと思いますが，条件が満たされている限り，仮に他の会社で自分と同じレベルの人が自分以上の収入を得ていても不満は感じません。社内での地位があがり，責任のレベルが大きくなるにつれて，部下との報酬の差が大きくなることを望みます。CEOの報酬が，その組織の他のメンバーに比べて極端に高いことを見れば，お分かりなると思います。また，組織が目指す目標を達成したら業績賞与が期待できるといった短期的な業績に連動した報酬も彼らの好みです。彼らのアイデンティティの中心は組織なので，組織のオーナーとしての意識，運命共同体としての気持ちを高めるようなストック・オプションなどの報酬も好みます。

　経営管理能力にキャリア・アンカーをもつ人たちは，保障・安定にキャリア・アンカーをもつ人たちと同様に，（あまり積極的な要望ではないかもしれませんが）喜んで「黄金の手錠」につながれます。経営管理能力にキャリア・アンカーをもつ人たちのキャリアは，所属している組織とのつながりがきわめて強いため，中年期以降，彼らのスキルが社外で通用しにくくなります。しかし，最近はゼネラル・マネジャーの転職も増えています。それにしたがって転職に際して福利厚生のパッケージをそのまま転職先にもっていくか，転職先で同等のパッケージを提供してもらうための交渉をします。ある業界や会社についてよく知っていることが意思決定のプロセスにおいて重要となるので，このようなゼネラル・マネジャーの転職がうまくいくのかどうかは，今のところ定かではありません。

　最近では，ゼネラル・マネジャーのなかから，高い専門性をもつスペシャリストが現れるようになりました。たとえば，経営破たんした会社に外部から乗り込んで，収益の出る状態にまで立て直す「ターンアラウンド・マネジャー」，新しい海外拠点の立ち上げや新製品や新市場の開発を専門とする「スタートアップ・マネジャー」，あるいは，大規模な兵器や新しい航空機の開発，石油精製所の建設のように，多くの機能を複雑に統合する「プロジェ

クト・マネジャー」といったタイプが挙げられます。

好まれる成長機会

　このキャリア・アンカーをもつ人たちは，パフォーマンスや成果によって測定される能力によって決まる，より高い役職や責任の大きい仕事への昇進を好みます。もちろん彼らは，ゼネラル・マネジャーは昇進の決定にはいろいろな要素，たとえば性格（パーソナリティ），仕事のスタイル，年功，社内政治，その他の要因がからむことを理解してはいますが，成果をあげる能力こそが最も重要な基準であり，基準であるべきだと考えます。その他の要素はいずれも，成果につながることによって初めて正当化されうるものなのです。

好まれる承認方法

　このキャリア・アンカーをもつ人たちにとって最も重要な承認のされ方は，より責任の重い地位に昇進することです。彼らは自分の立場を，役職，肩書，給与，部下の数，そして与えられた予算の規模によって総合的に判断します。また，上司によって決められる，目には見えない要素も重要な判断材料にします。たとえば，自分に任されているプロジェクトや部署・部門の組織の将来にとっての重要性などです。また，彼らは頻繁に昇進することを望みます。1つの仕事に長居するのは自分が仕事で十分な成果をあげていない，もしくは高く評価されていない証拠だと考えるからです。

　たいていの会社には，明記された，または暗黙の，昇進のタイムテーブル（訳注：課長，部長，事業部長への昇進までの年数を示すタイムテーブルのこと）がありますから，マネジャーはそのとおりに自分が動けているかどうかも成功の度合いを判断するための重要な手がかりにします。明らかに左遷や降格と分かるような場合は別として，異動そのものが，1つの評価の形として重要な意味をもつわけです。組織によっては，野心的なゼネラル・マネジャーならそれとなく気づくような暗黙のキャリアパスがつくられていることがあります。たとえば，財務からマーケティングへ行き，海外拠点のスタッフ職務を経験した後，本社に異動し，それからある事業部門を任される，といった具合です。もしこの典型的なキャリアパスに乗っていないような形で自分が昇進していることに気づくと，彼らは自分が「ファスト・トラック（訳注：昇進特急組。最も速く昇進する人たち）から外れた」と思い，もう将来の可能性はなくなったのではないかと悩みます。つまり，適所に異動することが，もう1つの重要な承認方法になっているわけです。

　このグループの人たちは，広いオフィス，社用車，役職者に与えられる特

権など，ステータス・シンボルとなるようなものに非常に敏感に反応します。そのなかでも彼らが大事にするのは，自分の上司たちから認められることです。専門・職能別能力をキャリア・アンカーにもつ人が自分の仕事を本当に理解してくれる人からの承認を重視するのに対して，経営管理能力にキャリア・アンカーをもつ人たちにとって，自分にとって最も重要なインセンティブである，より上位の役職への昇進を左右する上司（上位者）たちから認められることは，特に価値あることなのです。

　要約すると，経営管理能力にキャリア・アンカーをもち，ゼネラル・マネジャーとしての職位に強い願望をもつ人たちは，他の人たちと同じような職種からスタートしても，組織のなかでは異なる志向を示すということです。自分がゼネラル・マネジャーに求められる分析的，対人関係，情緒的な能力をもっているのかどうかを判断する十分なデータが得られるとすぐ，こうした志向が発達し始めます。かなり早い時期からこうしたことに気づいている人もいます。早く昇進したいという彼らの気持ちに組織が応えなかった場合，彼らは責任ある立場により早く就けそうな別の組織に移っていきます。

　ところで，（特にヨーロッパ，北米，日本では）ゼネラル・マネジャーになる機会が減少していることも述べておきたいと思います。その理由の一部は，もちろん，2007年から始まった大不況で，民間および公共の組織が職員の数を大幅に削減し，その結果として，ゼネラル・マネジャーになるために必要な経験と学習の場となる中間管理職を空洞化させてしまったことです。しかし，このような組織のフラット化という傾向は，昨今の経済状況だけでなく，グローバリゼーションや競争の激化といった，さまざまな状況と関連しています。多くの企業は1980年代以来，製品やサービスの市場を失うことを恐れて，労働市場や組織構造を再編し，人件費を削減してきました。かつては，先の見込めるキャリアパスがあり，待遇も良く，おおよそ解雇の心配もなかった仕事も──中間管理職・上級管理職も含めて──，今では姿を消し，戻ってくる様子もありません。

　この状況のなかで，光明と思われることが1つあります。ある種の管理職業務は，組織階層の下位へと押しやられてしまいましたが，それによって，上位マネジメントの仕事がなくなったにもかかわらず，複雑な業務，プログラム，プロジェクトに対する総合的な管理（ゼネラル・マネジメント）の必要性は増しているのです。これらは常設のポジションではないかもしれませんが（たとえば，あるプロジェクトの期間だけに限定された任務），このような職務は，組織にとって重要であり，それを担当する人にとっては，能力開発の絶好の機会となるはずです。組織がよりフラット化し，各ポジション

の役割は以前よりも幅広く定められるようになったため，あらゆる職業において，その役割の範囲が広がっています。このような傾向は，ゼネラル・マネジャーの資質を試し，そうしたキャリアを実現するための機会が減少した現状での，わずかながらの対応策になるかもしれません。

　世界規模での競争の激化により，私たちは海図にない未知の水域へと進むことになり，キャリアは30年前には予想もしなかった形態へと変化しています。ゼネラル・マネジャーの職は少なくなり，ゼネラル・マネジャーになるための競争は激化しています。ゼネラル・マネジャーのキャリアの中心には，「昇進」がありますが，このキャリア・アンカーをもつ人たちの大部分とは言わないまでの多くの人にとって，ゼネラル・マネジャーになることは，より長い時間を要するものとなり，また，実現の難しいことになってしまいました。クラナ（Khurana, 2002）は，アメリカにおいては，ゼネラル・マネジャーという頂点ともいうべきキャリア――ＣＥＯレベル――にたどりついた人でさえ，その地位は以前と比べてはるかに不確実，不安定で，いつでもその地位を追われる可能性がある，と分析しています。

■自律・独立（Autonomy/Independence [AU]）

　仕事に就いてまだ間もないうちに，どの組織にもあるような規則や手順，作業時間，服装規程やその他のさまざまな規範に束縛されることに我慢がならない，と思い始める人たちがいます。どのような仕事に就いているかにかかわらず，このような人たちが求めるのは，自分のやり方，自分のペース，および自分が納得できる自分なりの基準に沿って物事を進めることです。彼らは，組織での生活を制約の多い非合理的なものと感じ，自分のプライベートな生活を侵害するものと認識するのです。それゆえ彼らは，より独立的なキャリアを追求することや，外勤の営業担当者や，研究室を率いる研究者のような，最大限の自由を与えてくれる場合にのみ，ある組織のなかの仕事に愛着をもちます。自律的にやっていける現在の仕事と，今よりずっと良い仕事ではあるけれども自律的な面をあきらめなければならない仕事のどちらかを選択するように迫られたとすれば，自律・独立をキャリア・アンカーにもつ人たちはおそらく，現在の仕事にとどまる方を選ぶでしょう。自分の思い通りのことを言い，思い通りのことをすることが，自律・独立をキャリア・アンカーにもつ人たちにとって，きわめて価値のあることなのです。

　人は誰しも，自律性への欲求をある程度はもっており，この欲求は，人生の流れのなかで変化します。しかし，自律への欲求を他の何よりも優先させる人たちがいるわけです。彼らは常に，自分自身の船の船長でなければなら

ないと思っています。1人っ子であった経験や，多くの医師や教授のように，完全に自己依存をし（自分に頼り），自分に責任をもたなければならないということを教えられた専門教育やプロ根性が原因で，極端に強い自律性への欲求が生まれることがあります。自己依存や独力で判断することを強調する育児法の結果として，このような感情が，子供時代に形成されることもあります。

このような欲求とキャリアに折り合いをつけた人たちは，自律的な専門職へと進んでいきます。事業や経営管理に関心をもつ場合には，コンサルティング業界や教育関係の仕事に就くかもしれません。もしくは，研究開発，外勤営業，法務サービス，市場調査，財務分析，遠隔地の拠点のマネジメントなど，大企業においても比較的自律性が得られる仕事に落ち着くかもしれません。

好まれる仕事のタイプ

組織のなかで働く場合，自律・独立をキャリア・アンカーにもつ人たちは，自分の専門分野の範囲内で，明確に役割分担をし，時間にメリハリをつけて仕事をすることを好みます。それが請負やプロジェクト業務であれ，フルタイムであれパートタイムであれ，さらには臨時的なものであれ，彼らにとっては受け入れられるものであり，むしろそれを希望することもしばしばあります。いわゆる「ゴールドカラー派遣社員（短期的・臨時的な契約で働く知識労働者）」あるいは「グル（コンピューター関係の高度専門職）」と呼ばれる，高度な教育を受けた契約労働者が，アメリカの労働市場において急速に増加しています。このような人々の多くは，自分の雇用条件を自分で決定することができるので，このような仕事に就いているのです。また，このタイプの人たちは，目標が明示される一方で，それを達成する手段は一任されることを望みます。自律性にキャリア・アンカーを置く人は，細かく管理されることに耐えられません。組織が設定する目的や目標には同意するかもしれませんが，目的が設定された後は，仕事をどのように進めるかは自分に任せてほしいと思っているのです。

好まれる報酬体系と福利厚生

このキャリア・アンカーにもつ人たちは，「黄金の手錠」で縛られることを恐れます。成果に連動した業績給，一業績期間を単位に支払われる利益分配，短期的業績に連動した賞与，その他の制約事項のない報酬を希望します。自律にキャリア・アンカーをもつ人は，福利厚生についても，カフェテリアで自分の好きなものを自分で選ぶのと同じように，そのときの生活状況

に合った選択肢を自分なりに組み合わられるようなカフェテリア方式の福利厚生を好みます。

好まれる成長機会

このキャリア・アンカーにもつ人たちは，過去の業績が反映されるタイプの昇進制度に最も敏感に反応します。彼らは，以前に担当していた仕事よりも自由度の高い新たな仕事に就くことを望みます。言い方を換えれば，彼らにとって昇進は，自律性が大きくなるものでなければなりません。役職が上がり責任が増したとしても，それが自律性を奪うことにつながるならば，自律・独立をキャリア・アンカーにもつ人にとっては，それは脅威となります。自律的に行動している営業担当者は，営業マネジャーになれば自由度を失うことをよく知っていますから，そのような昇進を断ることがよくあります。また，大学教授は学科長や学部長になれば自由度が失われることを知っていますから，普通の教授職にとどまるという選択をすることがあります。一般的に，自律・独立にキャリア・アンカーをもつ人は，良いチームプレイヤーではなく，相互依存よりも独立を好み，一緒にやるより1人でやることを好みます。キャリア・アンカーとしては，（多くの組織でパートタイムの仕事や臨時的な業務が増えていることと相まって）現在増えつつあるものと思われます。解雇や村八分にされることを恐れず，組織のなかでの常識や一般通念と異なることでもオープンかつ率直に意見を言う（「面と向かって権力者にとって都合の悪い真実を言う」）ことができるので，価値のあるキャリア・アンカーということができます。

好まれる承認方法

このキャリア・アンカーにもつ人は，組織を変わっても持ち運べるような（ポータブルな）承認に最も強く反応します。他の組織ではそのまま通用しない昇進，肩書の変更や，金銭的報酬である賞与制度などよりも，推薦状，メダル，記念品，賞状，賞品，賞金，組織への独自の貢献を公式に認めることなどが彼らにとってより大きな意味のあるものとなります。現在，ほとんどの組織で導入されている報酬制度は，自律・独立をキャリア・アンカーにもつ人に合ったものではありません。よって，このような人たちはしばしば，やきもきするとこうした組織のお役所的な形式主義に不満を感じ，嫌な気分のまま組織を去ることになるのです。彼らの才能が組織に必要ないのであれば，何も問題はありません。しかし，コンピュータ・プログラマーや財務アナリスト，外勤営業の担当者など，組織の中心となっている人たちが自律・独立というキャリア・アンカーをもっている場合には，彼らがより快適に組

織で生きられるよう，人事制度を再設計することが重要になります。

とはいっても，自律・独立のキャリア・アンカーをもつ人が，日々のルーチン業務をこなし，組織の制約に従い，組織の他の人に報告をし，評価を受ける立場にある（つまり，自律性を抑制しなければならない）フルタイムの従業員である場合，制度の再設計は難しくなります。そのような人々は，多かれ少なかれ，反権威主義者であるからです。あるいは，（フルタイムであれパートタイムであれ）「個人として貢献する人（訳注：チームプレイヤーではなく一匹狼のように働くが，組織に貢献している人をポジティブに表す呼称」）という役割をつくることも有効な解決策となるでしょう。いずれにせよ，管理されたくない人を管理することは，とても難しいことです。

■保障・安定（Security/Stability [SE]）

安全・安心を感じられ，将来に起こることを予測することができ，「うまくいっている」と認識しながら，ゆったりとした気持ちで仕事ができる——そんなキャリアを送りたいという欲求を最優先させる人たちがいます。もちろん誰でも，ある程度は生活が保障され安定していてほしいと思っています。特に，人生のある時期は金銭的な保障が優先課題となる可能性があります。たとえば，家族の育児や教育，親の介護にお金がかかる時期や，退職が近づいたときなどがそれにあたります。しかし，一部の人たちにとっては，この安全の保障と安定という関心がキャリア全体を通して支配的であり，キャリアについて大きな決断をするときには必ず，こうした関心が指針になり，また制約にもなるのです。

おそらく，このような人たちは，終身雇用制をとっていて，不況でも解雇しないことで有名で，退職給付制度が充実しており，安定していて頼りにできるというイメージのある組織での仕事を求めることが多いでしょう。このような理由から，行政機関や公務員などの仕事に魅力を感じることが多いでしょう。

保障・安定にキャリア・アンカーをもつ人たちは「黄金の手錠」で組織に縛られることを苦にしません。そして通常，キャリア・マネジメントの責任を自ら進んで雇用主に委ねます。また，高い役職に就いていなくても，重要な仕事を任されていなくても，組織に自分のアイデンティティを感じることによって満足感を得ることができます。また，終身雇用権の代償として，どのような仕事を指示されても，どんなに出張が多くても，どこに転勤を命じられても，いかに頻繁に配置転換されようとも，会社の指示に進んで従います。彼らは「何でも屋」になることによって組織に居場所をつくり，呼ばれ

たらすぐに出ていき，他の人が嫌がるような仕事も進んで引き受けるのです。したがって，組織のなかにいる別のキャリア・アンカーをもつ人たちからは，野心がない人とみなされます。また，個人としての野心，専門領域を1つのことに絞ること，競争心，達成といったものに価値を置く人々からは，軽蔑の眼で見られがちです。しかし，このような固定観念的な見方は不公正なものというべきでしょう。なぜなら，このような人たちのなかには，恵まれない境遇のなかで多くの努力をし，大方の予想に反して，かなりの高い地位の管理職にまで昇りつめた人も多いからです。彼らは，大企業においてミドル・マネジャーの地位に到達した時点で成功したと思っているのですが，それは彼らの社会経済的な出自と関係があるのでしょう。実際に，現在の自分のキャリアに最も満足し喜びを感じているのは，このキャリア・アンカーをもつ人々です。このグループのなかの才能ある人たちは，組織の高い地位に昇りつめることになりますが，そうした人たちも，安定した成果の出る仕事を好みます（そして，そのような仕事をつくり出そうとします）。あまり才能に恵まれない人の場合は，ミドル・マネジャーかスタッフの仕事の水準にとどまるか，それが無理なら仕事にとことん打ち込むことはなくなっていくでしょう。

好まれる仕事のタイプ

このキャリア・アンカーをもつ人たちは，安定していて将来の見通しが立つ仕事を好み，仕事そのものの性質よりも，仕事に関わる状況や条件のほうに関心が向かいます。つまり，彼らは職務の充実，職務上の挑戦などの内発的な動機づけの施策よりも，どちらかといえば，昇給や良好な作業環境，同僚との平等な待遇，ある程度の充実した福利厚生などといったこと（訳注：内発的報酬に対して外発的報酬と呼ばれます）にこだわるのです。組織の仕事の多くは，こうした特徴をもっていますし，組織には，保障・安定や専門・職能別能力をキャリア・アンカーにもつ人が多いのが現実です。結局のところ，組織の全体的な業績は，製品を顧客の家に届けたり，クライアントにサービスを提供したりといった，ルーチン化した，（しかし残念なことに）当たり前の日々の業務に左右されるのです。長年にわたって，保障・安定にキャリア・アンカーをもつ人々が組織文化や伝統を守ってきたのです。また，たとえば，従業員や顧客をどのように扱うべきか，といった点などに関して，組織において，「正しくて適切な」方法を体現するという旗手のような役割を果たすことで，組織に貢献してきたと言ってよいでしょう。

好まれる報酬体系と福利厚生

このキャリア・アンカーをもつ人は，勤続年数に応じた，確実に今後の給

与額が見通せる昇給制度を好みます。また，充実した保険給付，医療給付，退職給付制度などの諸制度が明示されている福利厚生のパッケージを好みます。また，賞与など水準が変動的で予測しづらい報酬よりも，ストック・オプションを始めとする「黄金の手錠」にあたる報酬を好みます。

好まれる成長機会

このキャリア・アンカーをもつ人は年功的な昇進制度を好みます。また，等級や階層が明確化されている制度を好み，どのような業績をあげ，個々の等級で何年くらい仕事をすれば昇進の対象になるのかが明確化されていることを好みます。このキャリア・アンカーをもつ人々は，学校や大学などに見られる正式な終身雇用権（テニュア）制度や，あまり華やかではなく安定した業務を取り扱う法律事務所のパートナーシップのような，準終身雇用権制度を好みます。

好まれる承認方法

このキャリア・アンカーをもつ人は，企業・組織に対する自分の忠誠心や安定した業績が認められ，できればそのことが，より安定的で継続的な雇用保障につながることを望んでいます。とりわけ，このキャリア・アンカーをもつ人は，忠誠心こそ組織の業績に真に貢献すると信じ，会社の成功のために「できることは何でも」喜んで行い，結果として，それが報われることを望んでいます。かつては，多くの人事システムが，このようなキャリア・アンカーをもつ人たち向けに設計されていました。しかし現在では，終身雇用権の保障は稀なものとなってしまいました。柔軟な労働力が新しい形の雇用関係となり，業績が良いときには雇用し，悪いときには雇用しなくなりました。

しかし，労働力の柔軟性は，個人にとっては不安定さを意味します。忠誠心は，再帰的，あるいは，「古いやり方」への型にはまった執着とみなされ，革新的でも前向きでもないため，組織を前進させるためには役立たないと考えられています。そして，このような理由から，外的キャリアシステムが雇用保障から短期契約，個人別の競争的なインセンティブ・プラン，人員削減，余剰人員の解消へとシフトしたことを受け，最も脆弱な存在となったのは，保障・安定にキャリア・アンカーをもつ人々なのです。

■起業家的創造性 (Entrepreneurial Creativity [EC])

新しい製品やサービスを開発したり，財務的な手段を駆使して新しい組織

をつくったり，既存の事業を買収して思い通りに事業を再編したりすることで，新しいベンチャー事業を興したいという欲求を自分が他の何よりも意識していることを，人生の早い時期に気づく人たちがいます。なんらかの形での創造性はどのキャリア・アンカーにも見られますが，起業家的創造性をキャリア・アンカーにもつ人たちは，新しいベンチャーを創造することが，キャリアそのものの本質であり，それゆえ，自己実現に不可欠なものとなります。発明者や芸術家，研究者といった仕事も創造性がとても重要ですが，彼らは通常，自分の創造したものから新しいベンチャー事業を興すことにコミットメントをもっているわけではありません。起業家的創造性にキャリア・アンカーをもつ人の創造意欲は，新しい組織，製品・サービスの創造に向かいます。それらが起業家自身の努力によるものであるということがはっきり識別でき，自分自身の生み出したものとして存続し，経済的に成功することが彼らにとって重要なのです。そのため，彼らにとっては財を成したことが成功の指標となります。

　多くの人が自分自身の事業を興すという夢をもち，キャリアのさまざまなステージで，そのような夢を語ります。この夢が，独立したい，他の人からのコントロールから逃れたい，という自律への欲求を表すこともあります。しかし，起業家にキャリア・アンカーをもつ人は一般的に，他の人たちと明確に異なる点があります。それは，彼らが人生の早い時期からがむしゃらにこの夢を追いかけているという点です。高校時代から小さいながらも収益を見込める事業を始めるといったことはよくあることです。彼らは，自分に起業の才能があること，そして，そして自分が起業家として優れていることを世界に証明したいという非常に強いモチベーションをもっていることを，人生の早い段階で気づくのです。

　自律・独立のキャリア・アンカーと，この起業家的創造性のキャリア・アンカーは明確に区別して考えることが大切です。多くの人々が自律性への欲求ゆえに自分で事業を経営したいと考え，自分が独立経営のできる小さなビジネスを買収することで，この欲求を満たします。起業家がこれと異なるのは，自分が新しく事業を創造することができるということを，世界に証明したいという熱い思いに取りつかれている点です。そして，彼らは自律性が最も重要なものではないことにすぐに気づきます。なぜなら，彼らは自分に投資してくれる人々やパートナー，仕事をしてくれる従業員にしっかりと監視され，行動を抑制されることになるからです。また，時間的な圧力，投資に対して利益を生まなければならないこと，顧客やクライアントからの要求，その他の多くの制約をかけているからです。

　これは，自律性と安定性を犠牲にしなければならないことを意味します。

特に，創業期の，まだ経営が軌道に乗っていないときにはその可能性が大きいでしょう。起業家的創造性にキャリア・アンカーをもつ人が失敗することもあるでしょうが，それでも，再挑戦・再々挑戦の機会を探し続けます。伝統的な仕事（訳注：会社に雇われて働くなどの従来からの一般的な働き方）に就きながら，新しいビジネスを計画したり，「サイドビジネス」として自分の会社を立ち上げたりする人もいます。たとえば，営業担当者やミドル・マネジャーを続けながら，不動産事業を立ち上げようとしている人，あるいは，空いた時間を利用し，自分で経営する買収先企業を探し続けている人などがいます。このような人たちを「起業家」たらしめているのは，新しい事業を起こすことに全力を投入する姿勢，そしていったんベンチャーを設立して事業を開始したら，現在の仕事を思い切って捨て去るという意思です。

とはいえ，たいていのベンチャーは失敗に終わることを指摘しておきたいと思います。革新的・創造的なアイディアをもち，それを実らせるための組織的能力を備えることと同様に，ねばり強さ，幸運，タイミングが合っていることが重要です。平均で見ると，8種類のキャリア・アンカーのなかで，保障・安定のキャリア・アンカーをもつ人が最も満足感をもっているのに対して，起業家的創造性にキャリア・アンカーをもつ人が一番不満を抱えています。その理由としてはベンチャー企業の成功率が低いということもありますが，たとえベンチャーが成功したとしても，彼らを突き動かしているのは，今ある組織を経営することではなく，何もないところから組織を生み出すという創造的行為そのものなのです。すぐに次のことに移って新しいことを始めたい起業家にとっては，今ある組織を動かすことは，もはや楽しいことではなく，平凡なことになってしまうのです。このため，起業家的創造性にキャリア・アンカーをもつ人には情動不安（落ち着きのなさ，せわしなさ）が見られます。その意味では，起業家が完全に満足することはないでしょう。なぜなら，新しい企業を興すチャンスはどこにでも転がっているのですから。

好まれる仕事のタイプ

起業家的創造性にキャリア・アンカーをもつ人たちは，創造する欲求に強くかりたてられていますが，一方では飽きっぽい傾向もあります。彼らは，自分自身の会社において新製品や新サービスを開発し続けるかもしれませんが，興味がなくなればその会社を売却して，新しい事業を始めるといったこともあるかもしれません。彼らは休みなく，常に新しい創造に挑戦し続けることを望んでいるのです。自分のベンチャー企業を計画しつつ，どこかの組織に雇用される場合，彼らはサイドビジネスである自分のベンチャーの準備に時間を使えるだけの自律性や，将来に向けて自分を鍛えることができる仕

事を探します。たとえば，雇われている組織の既存の製品についてじっくりと学び，やがて，その製品の改良版を考案し独立するエンジニアなどは，この例にあてはまるでしょう。

好まれる報酬体系と福利厚生

このキャリア・アンカーをもつ人々にとって最も重要な課題は，オーナーになることです。オーナーになっても自分に対しては大した報酬を支払わないといったこともよくあります。しかし，自分の組織の株式への支配は手放しません。新製品を開発した場合は，特許権を取得することを望みます。起業家を組織内にとどめておきたい大企業は，彼らのこのような欲求の強さを理解していないのです。たとえ会社が彼らの事業に対して投資をしたとしても，特許の権利や，株式の51％保有を認めない場合，起業家的創造性にキャリア・アンカーをもつ人は組織にとどまらないでしょう。起業家は，富を蓄積しようとします。しかし，富そのものがほしいわけではありません。むしろ，彼らが成し遂げたことを世間に示す方法として，それを望んでいるのです。福利厚生のパッケージは，彼らにとってはおそらくあまり意味をもたないでしょう。

好まれる成長機会

起業家はキャリアのどの時点でも，必要に応じてどこへでも移れるようにしてくれる制度を望みます。彼らのほとんどは，組織の長になることを望みますが，管理の仕事が自分の才能や願望と合わないこともあります。特に，彼らのベンチャーが長きにわたって成功を収めた場合，優れたゼネラル・マネジャーを雇うこともよくあります。起業家は，優れたゼネラル・マネジャーであるとは限りませんし，そもそもゼネラル・マネジャーになりたいと望んでいるわけではないかもしれません。彼らは自分がカギを握ると思う役割を担い，自分自身の欲求を満たすための，自由な移動とそのための権力を欲します。そのような役割として彼らが望むのは，創造性を発揮し続けることができる役割，たとえば研究開発部門のトップや取締役会の会長，新規投資の一任などです。多くの場合，自分の役割が退屈なものだと思うと，起業家的創造性にキャリア・アンカーをもつ人は，組織を売却し，自分の創造性というニーズを満たすために新しいベンチャーを立ち上げます。

好まれる承認方法

このキャリア・アンカーをもつ人が好む承認方法は2種類あります。1つは，財を成すことで，もう1つは，大きな事業を築き上げたという実績です。

さらに，起業家にはかなり自己中心的なところがあり，自分が表面に出て個人として目立ち，世間から広く認められることを求めています。「この建物（あるいは，製品や会社など）には誰の名前がついているのか？」が，重要なのです。「シリアル起業家」と呼ばれる人たちもいます。彼らは会社を立ち上げ，成功させ，それを売却し，また新たに別会社を立ち上げることを繰り返すのです。このようなキャリア・アンカーをもつ起業家の場合，ベンチャーが成功すればするほど，彼らのキャリアも成功することになります。このようなキャリアを実践するには，相当のエネルギーが必要になり，浮き沈みを繰り返すことになります。しかし，このようなやり方は，若者に特有のものです。なぜなら，たいていの場合は失敗に終わる起業のチャンスを追求し続けることは，起業家個人への代償が大きく，時間とともに，さらに代償が大きくなっていくからです。

■奉仕・社会貢献 (Service/Dedication to a Cause [SV])

　自分の中心的な価値観を仕事のなかで具体化したいという考えから職業に就く人たちがいます。彼らは自分の実際の才能や得意分野よりも，価値観によって方向づけられています。彼らは，なんらかのかたちで世の中をもっと良くしたいという欲求に基づいてキャリアを選択します。このアンカーをもつ人は，医療，看護，調査研究，社会福祉事業，教育，聖職，多くの非営利団体やNGOなど，人を支援する専門職の仕事に魅力を感じることが多いようです。しかし，事業の経営管理や組織でのキャリアでも，大義のために身を奉じることが特徴となっている人たちがいることも明らかです。たとえば，積極的差別是正プログラムに打ち込む人事の専門家，社会正義の実現や労使関係の改善に熱心な労働法専門弁護士，新薬関係の研究に打ち込むバイオテクノロジー科学者，環境保全に取り組む科学者，持続可能な製造（訳注：環境負荷とエネルギー消費を抑えつつ高い生産効率を実現した製造）の実現に打ち込むエンジニア，社会一般のある側面を改善するために公共サービスに従事するマネジャーなどです。

　人々のために，人々とともに働く，人類のために奉仕する，環境を守る，自国を救うといった価値観が，ある人のキャリアにおいて強力なアンカーになることがあります。このようなキャリア・アンカーをもつ人は，特定の組織で働くよりも，もっと「高次元の大義」のために働くことを特徴としています。もちろん，このような高次元の大義は人により大きく異なります。このようなキャリアに生命を吹き込むのは活動家の役割ですが，株主主権，気候変動を抑制するための政策，職場での機会均等施策などへの賛成や反対を

主張することは誰でもできます。しかし，このキャリア・アンカーをもつ人の中心にあるものは，その人が社会にとって利益になると心から信じている目標のための，改革を目指す姿勢とコミットメントなのです。

ただし，いわゆる支援や奉仕の専門職として働く人が，これまでに説明してきた他のキャリア・アンカーに引きつけられることもあります。たとえば，専門・職能別能力や経営管理能力にキャリア・アンカーをもつ人がソーシャル・ワーカーや弁護士になることがあります。自律・独立や保障・安定のキャリア・アンカーのために，医学や教育の分野で働く人もいます。また，このような職業分野ではすべて，起業家やゼネラル・マネジャーにもチャンスがあります。つまり，奉仕に関連する職業についている人すべてが，奉仕・社会貢献のキャリア・アンカーをもっているわけではない，ということです。

好まれる仕事のタイプ

このキャリア・アンカーをもつ人が望んでいる仕事は明確です。それは，彼らは自分の所属している組織に対して，自分の価値観に合う影響を与えることが可能な仕事です。この意味では，他人に影響を与え，他人を説得しようとする「道徳起業家」なのです。その好例として，ある大学の農学部教授のケースが挙げられます。この人は，終身雇用権つきの農学部教授の職を辞し，ある大手鉱山会社の環境計画関連の管理職の仕事を引き受けました。彼は，このまま重要な環境計画を立てることができ，それを実施する力を行使できる限り，その会社で働き続けるつもりだと語っていました。

好まれる報酬体系と福利厚生

このキャリア・アンカーをもつ人たちは，大義という「使命」をもち，それに献身したい人です。あらかじめ組織への忠誠心をもっているわけではありませんので，公平な競争の場，貢献の度合いに応じて支払われる公正な給与と，勤務先が変わっても持ち運べる福利厚生を望みます。彼らにとって金銭そのものは中心的ではありませんが，専門・職能別能力をキャリア・アンカーにもつ人々と同様に，外的衡平に関心があるので，同じ分野で働いている他者の人に比べて遜色のない報酬を望みます。

好まれる成長機会

奉仕・社会貢献をキャリア・アンカーにする人たちにとって金銭的な報酬よりも重要なのは，貢献を認められ，それによって，より影響力のある，しかも自律的に仕事ができる自由なポジションに異動させてくれるような昇進制度です。彼らは，組織のなかで，自分の大義が受け入れられ，他の人によっ

て実践されることを望みます。役職・地位が高いポジションへの異動であっても，それが彼らの価値観とは無縁またはほとんど関係のない仕事である場合，そのような異動は彼らにとって望ましいものではありません。しかし，彼らが奉仕したいと思っている領域のなかで影響力と高い地位が与えられる専門職として出世していくことは，彼らにとって望ましいものとなります。

好まれる承認方法

　このキャリア・アンカーをもつ人たちは，同じ専門職の仲間および上司の両方から認められ，支持されることを望みます。また，自分の価値観が組織の上層部の人たちに理解され，共有されることも望んでいます。専門・職能別能力をキャリア・アンカーにもつ人のように，彼らはさらなる教育の機会，専門家の集まる会合への出席，自分の達成したことに対する表彰や世間からの賞賛を重視します。

■ 純粋な挑戦 (Pure Challenge [CH])

　一部の人のキャリアは，何事にも，あるいは誰にでも打ち勝つことができるということを示したいという欲求に動かされています。たとえば，「この問題を解けた人はいない」と聞くと，急にやる気になるエンジニアなどは，このキャリア・アンカーをもっています。彼らが定義する「成功」とは，克服不可能と思えるような障害を乗り越えること，解決不可能だと思われてきた問題を解決すること，きわめて手ごわい相手に勝つことなのです。彼らは成長するにしたがって，それまで遭遇したことのない手ごわい相手にさらに挑戦していくようになります。よりいっそう困難な問題に直面するような仕事を探していくという形をとる人もいます。このような人たちが専門・職能別能力をキャリア・アンカーにもつ人たちと違うところは，問題が起こるところなら分野はどこでもおかまいなく挑戦したい，という点です。

　高い能力を要する戦略コンサルタントや経営コンサルタントのなかには，業界や会社を問わず，より困難な戦略的業務を喜んで引き受けるという点で，このパターンにあてはまる人がいると考えられます。ウォールストリートで未公開株を扱うトレーダーは純粋な挑戦のキャリア・アンカーをもっているのでしょう。彼らにとって，成功の尺度とは，より多額の契約を結ぶこと，他者に永久に勝ち続けることなのです (Ho, 2009)。石油田やガス田を探索するプロジェクト・リーダーは，世界の果てにあり，近づくのも困難で危険な場所での任務を与えられることに喜びを感じます。難しい仕事ほど，彼らは歓迎するのです。最初はどれほど複雑で困難であったとしても，同じこと

の繰り返しになるような任務には興味を示しません。純粋な挑戦にキャリア・アンカーをもつ人にとっては，困難さが増していくことが大切なのです。「そこ行ったことはあるし，それをやったこともある」というようなありふれた仕事は避けようとします。

対人間の競争という枠組みで挑戦する人たちもいます。たとえば，海軍の戦闘機パイロットのなかには，自分の人生の唯一の目的は，敵との最終決戦に備えることだ，と考える人もいます（Derr, 1996）。このような「戦士」は，空中戦で自分が優れているということを，自分自身と世界に証明したいのでしょう。このキャリア・アンカーを軍事関係の仕事で説明すると，ややドラマ調になりすぎている感があるかもしれませんが，他の多くの職業においても，競争という点から人生を定義する人がいます。多くの営業担当者やプロのスポーツ選手，科学者，ソフトウェア開発技術者，ゼネラル・マネジャー，起業家のなかには，自分たちのキャリアを，「勝つことがすべて」な日々の戦いや競争と定義する人がいます。

ほとんどの人々がある程度は挑戦を求めているといえますが，純粋な挑戦にキャリア・アンカーをもつ人にとっては，挑戦こそが最も重要なテーマなのです。彼らにとって仕事の分野，所属している組織の種類，給与制度，昇進制度のタイプ，承認の仕組みなどはすべて，仕事で自己を絶えず試す機会が組み込まれているかどうかということに比べれば，どうでもよいことなのです。この人たちは常に自己を試す機会がないと退屈し，イライラしてしまいます。彼らがよく口にするのは，キャリアは変化に富んでいることが重要だということです。また，こうした人たちのなかの一部がゼネラル・マネジャーの仕事に惹かれる理由の1つは，マネジメントという仕事に変化と強烈な挑戦の要素が含まれていることなのです。

純粋な挑戦にキャリア・アンカーをもつ人たちは，きわめて一途で競争心にあふれているため，それに匹敵するほどの野心をもっていない人たちとは必ずしもうまくやっていけないのです。1979年のハリウッド映画「華麗なるサンティーニ家（The Great Santini）（訳注：邦題は「パパ」，軍人気質に貫かれた元戦闘機パイロットの父親の家族への愛情を描いた作品）」は，このような「戦士」が上司と自分の家庭――戦場ではない場所――で繰り広げる問題を見事に描いています。このキャリアは，競争にかかわるスキルが発揮できる場面で初めて意味をもつのですが，そうした機会がないところでは，士気を低下させてしまいます。これは自分自身と周囲の他の人々の双方にとっての問題になる可能性があります。

好まれる仕事のタイプ・報酬体系・福利厚生・昇進制度・承認方法

　このキャリア・アンカーをもつ人にとっては「限界に挑戦する」ことが重要であるため，彼らにとって好ましい仕事のタイプ，報酬体系・福利厚生・昇進制度・承認方法は，人によってさまざまです。個人別に設定された業績連動型の報酬を希望する人もいれば，失敗のリスクを負えるよう報酬の保証を求める人もいます。また，勝者がすべてを得る形の報酬が最もチャレンジングだと思う人もいるでしょう。全体的に，純粋な挑戦にキャリア・アンカーをもつ人たちは，世界を，ダーウィンのいう「弱肉強食」の世界とみなしており，適者・強者のみが生き残れると考えています。このキャリア・アンカーをもつ人は，さまざまな職業や組織で見かけられますが，仕事のタイプ・報酬体系・福利厚生・昇進制度，承認方法を一般化することは容易ではありません。この一般化が容易でないことは，プロのスポーツ選手，債券販売担当者，ターンアラウンド・マネジャー，ゲーム開発者，一部の科学者，難しい問題に取り組むエンジニアといった「戦士」たちに関して，これらの要素を比較してみれば分かるでしょう。次で解説する生活様式をキャリア・アンカーにもつ人たちにもあてはまります。

■生活様式 (Lifestyle [LS])

　一見すると，生活様式という概念は，言葉の矛盾のように思われることでしょう。生活様式をめぐって自分の存在を形づくる人たちは，ある意味では，キャリアというのは彼らにとってそれほど重要ではないため，キャリア・アンカーなどもっていない，と言うでしょう。しかし，このような人々もキャリア・アンカーの定義にあてはまります。なぜなら，意味のある仕事に強いモチベーションを感じつつ，自分のキャリアを個人のニーズ，家族の状況，あるいは，自分のパートナーのキャリアとうまく統合させなければならない状況にある人が増えているからです。

　このような人々が増加している理由として，(1)自立に関する社会の価値観の変化，(2)フルタイムで働く女性の増加による，共働き家族の増加，(3)雇用主が提供する雇用保障・(確定拠出年金のように転職先でも継続可能にはなったが)福利厚生の低下・削減，(4)共働きをしないと家計を維持できない家族の増加，といったことが考えられます。自分のキャリアを自分でマネジメントしなければならず，また一緒に暮らすパートナーもキャリアをもっている場合，自分の仕事キャリアだけでなく，人生全体を設計，再設計する必要に迫られるのです(Bailyn, 2002)。このような人たちが増えているのです。

この20年間ほどで，家族の人口統計は大きく変化してきました。現在の家族構成はかなり多様になっています。大まかな世帯構成としては，(1)独身，子供なし，(2)独身，子供あり，(3) DINK ("dual-income, no kids"；収入は2人，子供なし），(4)サンドイッチ（収入は1人あるいは2人，両親と子供の面倒をみる），(5)既婚，子供あり（収入は2人），(6)既婚，子供あり（収入は1人），(7)既婚，子供なし（収入は1人あるいは2人），(8)独身，パートナーあり（収入は1人また2人）などがあります。このような世帯構成のなかで，アメリカの人口比率で最も多くを占める「新たな標準」（2010年現在）は，「1人暮らし」なのです（Klinenberg, 2012）。1980年代以降，最も急速に増加したのは，2人の収入がある世帯です。伝統的で理想的だとされていた家族構成，つまり，1人が外で働き，もう1人が家にいて家事を行うという家族——アメリカのTVドラマ「マッド・マン」で描かれる，1950年代から1960年代初頭のニューヨークの広告業界のような——は，アメリカの世帯構成ではすでに少数派（10〜12%）になり，現在もその数は減少を続けています（アメリカ国勢調査，2010年）。しかし，家族の1人のみが働いている場合——それが男性であれ女性であれ——の収入は，共働き世帯の収入よりも多くなっています。これは，2人のキャリアを調整する必要があるため，1人だけが働いている場合よりも，それぞれが自分の仕事キャリアに集中できないためと考えられます（Percheski, 2008；Reitman & Schneer, 2003）。

　しかし，ここで明らかなことは，人々が実現したいと思う生活様式がそれぞれ異なるのと同様に，キャリア・アンカーとしての生活様式は，これらの世帯構成ごとに異なる，ということです。

　私生活と仕事をバランスさせることは，常に議論の的になってきたものであり，けっして簡単なことではありません。1人だけがキャリアを歩む世帯では，最も一般的な解決策は，一方がキャリアの道を歩み，他方がそれを支援する役割を担う，というものでした（このような世帯では今でもこの解決策が一般的です）。カップルの双方がフルタイムの仕事をもっているという，近年増加しているケースでは，私生活と仕事のバランスをとることは，さらに複雑な問題となり，経済的，地理的，その他の生活様式上の決定（子供を産むべきか，いつ産めばよいのか等）を迫られることになります。両者のバランスをとることは，現在，さらに難しくなってきています。なぜなら，十分な収入や福利厚生が労働の対価として与えられることが保障される「標準的な」フルタイムの仕事が減少しているからです。

　雇用主は，柔軟性という言葉をお題目のように使うようになり，変化を続ける職場からの要求を満たすため，より多くの柔軟性が求められるように

なりました。アメリカ労働者の35％は，与えられる保障が少ない「非正規」の仕事についています。現在では，世界最大の民間企業は，ミルウォーキーに本社を置く派遣会社「マンパワー」社で，2009年現在，500万人の「従業員」を抱えています（訳注：派遣就労中の人のみならず派遣登録者も含みます）。2000年以来，マンパワー社の成長の50％は，高度専門職の派遣によってもたらされています。このような仕事は，すべての分野において低いもの（「がらくたのような契約」）から高いもの（「ダイヤモンドのような契約」）までさまざまに領域に及んでいますが，マンパワー社を別としても，マネジメント業務での派遣やパートタイムの求人は（求人数ではなく，求人職種の幅という意味では），今でも増加を続けています。

好まれる仕事のタイプ・報酬体系・福利厚生・昇進制度・承認方法

　人々が手に入れうる，外的キャリアにおけるこれらの変化の一部は，間違いなく，生活様式にキャリア・アンカーをもつ人にとって有利に働いてきます。キャリアと生活様式の問題との統合は，それ自体，変化するプロセスであり，さまざまな人生のステージ（独身，結婚，子育て，大学生の親，子供の巣立った後，祖父母になる等）においてそれをどのように実現させるかは，そのような選択肢が可能であるかということと，そのような選択肢を自由に選べるか，ということにかかっています。この点において，生活様式にキャリア・アンカーをもつ人は，他のキャリア・アンカーをもつ人よりも柔軟性を求めます。同じように柔軟性を求める，自律・独立をキャリア・アンカーにもつ人とは異なり，生活様式にキャリア・アンカーをもつ人は，いつでも好きなときに職場を離れるという権利が与えられている場合，喜んで組織のために働き，さまざまな仕事をこなし，組織の規則や制約を受け入れます。そのような権利には，出張が少ないこと，家族の状況が許す場合にのみ転勤すること，必要に応じてパートタイムで働けること，サバティカル制度，産休，デイケアを受けられること（共働きのカップルや単身の親の増加と特に関係しています），フレックスタイム制が含まれます。また，決まった就業時間（残業は引き受けない），在宅ワークなどが含まれる場合もあります。近年，アメリカの職場は，「ファミリー・フレンドリー」または「社員中心」であるかどうかによって評価される傾向にあり，生活様式にキャリア・アンカーがある人は，このような評価に大変興味をもっています。

　生活様式にキャリア・アンカーをもつ人は，具体的な施策や福利厚生よりも，組織の態度そのものに関心を寄せます。彼らは，家族や個人の関心事を尊重する組織や，契約する際に誠実な交渉（および再交渉）をする組織を求めます。このキャリア・アンカーをもつ人は，組織に理解や柔軟性を求め，

従業員が直面する生活様式の問題の現実をふまえた人事制度を望みます。どのような組織の対応が最もよいかは分かりませんが，彼らは，方針やキャリア制度は一般的に，より柔軟性に富み，多くの選択肢が提供されるべきだと考えています。

　生活様式に関わる問題で特徴的なのは，しばしば昇進のためのステップとなっている転勤を好まない従業員が増えているということです。過去においては，これは保障・安定のキャリア・アンカーをもつ人の一面と考えられていましたが，保障・安定のためではなく，私生活・家族・キャリアの問題の統合ということから転勤を避ける人が増えています。転勤を断ることにより，昇進やその他のキャリアに悪影響があるとしても，自分とパートナーの2人のキャリアを異動させたくない（訳注：一方のキャリアを犠牲にしたくない），または大切な時期に子供を転校させたくないと思う人が増えているのです。また，比較的生活費が低い地域から高い地域への転勤を断る人もいます。（彼らの定義する）自分たちの生活の質を落としたくないからです。

　もしこの傾向が続いていけば，外的キャリアパスは大きく変化することになるでしょう。多くの企業は従業員が会社の要請に応じて転勤することは当たり前のことだと思っており，転勤をキャリアにとってプラスになるステップとみなしています。生活様式にキャリア・アンカーをもつ人が増えた場合，このような人々が昇進というキャリアを犠牲にするのか，あるいは，企業の方が，勤務地を地理的に限定した形で昇進が可能となるようにキャリアパスを再定義することになるのか，は明確ではありません。

　たとえば，ある大規模な多国籍企業の社長は，自分の最有力な後継者と見込んでいた部下から，転勤を断られたと言います。理由は彼の妻のキャリアと，子供たちを転校させたくないというものだったそうです。この社長は，この部下がキャリア上の成長を続けるためには国際的な経験が必要だと考えており，国際経験がなければ，CEOへの道が閉ざされることも説明したそうです。つまり，この部下は，彼のキャリア・アンカーが経営管理にあるのか，それとも生活様式にあるのかを明確にすることを迫られたのです。

　もう1つの生活様式の問題に関わる苦悩は，独身の人，子供がいない人がしばしば経験するものです。上司から見れば，家族のいる従業員に比べて，彼らは身軽にどこにでも行けるので，家族の葛藤を抱えた従業員の穴を埋められると考えられているようです。生活様式にキャリア・アンカーがあるマネジャーでも，そうではないマネジャーでも，このような問題が起きます。数年前，当時のペンシルバニア州知事のエド・レンデルが，ジャネット・ナポリタノ氏を安全保障のトップに任命したときの発言は，大変な話題を集めました。彼はこのように発言したのです，「ジャネットはこの職にとってパー

フェクトな人物です。というのも，この仕事に就く限り，プライベートはないからです。ジャネットには家族がいません。これは条件としては完璧です。ジャネットは1日19時間から20時間，働くことができるのですから」（ニューヨーク・タイムズ，2008年）。生活様式にキャリア・アンカーがある人は，多くの組織で競争の激しい領域でキャリアを形成していかなければなりません。社会学者のアーリー・ホックシールド（Hochschild, 1997）は，既婚で子供のいる人たちを研究した結果，次のように結論づけています，「企業が最も激しい戦いを繰り広げている相手は，地域のライバルです。すなわち，家族です」。

　仕事と家族への関心をうまく統合させるため，および管理職としてのキャリアを維持しながら個人の生活も豊かにするためのマネジメントは，おそらく最も難しい問題になるでしょう。そして，このため，8種類のキャリア・アンカーのなかで，生活様式のキャリア・アンカーが最も問題を抱えることになります。もしも，あなたが生活様式のキャリア・アンカーに最も近いと考えるなら，あなたが妥協したくないことは何か，あなたはどのような人間なのか（たとえば，あなたの雇用主，上司，親しい友人，家族，同僚などに対して）を考える必要があります。あなたの価値観と生活様式の選択理由を明確にしてそれを伝えることが重要です。

キャリア・ヒストリー分析の評価と『セルフ・アセスメント』での自己採点

　皆さんのキャリア・パターンは，キャリア・ヒストリー・インタビューで明らかになり，また，前の章では各キャリア・アンカーを詳しく理解したはずです。ここで，下の表に2種類の評価を書き込んでみてください。最初の列（コラムⅠ）では，各キャリア・アンカーに関して，自分自身を10点満点で評価してください。「1」は「このキャリア・アンカーは私にはまったくあてはまらない」を意味し，「10」は「このキャリア・アンカーは私にぴったりだ」を意味します。次の列（コラムⅡ）には，『セルフ・アセスメント』で行った各キャリア・アンカーに関する自己採点の点数をそのまま書き込んでください。2つの評価は別々の尺度で採点していますから，2つの数字が一致する必要はありません。しかし，皆さんが正直に回答した場合，各キャリア・アンカーの相対的な順位については，キャリア・ヒストリー・インタビューに基づく自己評価と，『セルフ・アセスメント』の自己採点は一致しているはずです。

	コラムⅠ キャリア・ヒストリー評価	コラムⅡ 「セルフ・アセスメント」自己採点
専門・職能別能力	_____	_____
経営管理能力	_____	_____
自律・独立	_____	_____
保障・安定	_____	_____
起業家的創造性	_____	_____
奉仕・社会貢献	_____	_____
純粋な挑戦	_____	_____
生活様式	_____	_____

ここではまず，あなたが関心をもっていないことは何なのかを知るため，「キャリア・ヒストリー評価」で最低点になったキャリア・アンカー，「自己採点」で最低点になったキャリア・アンカーを見ます。このキャリア・アンカーは，あなたにとっては重要ではないものですか？　そう思えない場合は，『セルフ・アセスメント』で低い点をつけた項目を見直して，なぜそのような点をつけたのかを自問してみてください。さらに，「キャリア・ヒストリー評価」において，なぜそのアンカーに低い点をつけたのかも自問してみてください。

　次に，最高点となったキャリア・アンカーを見てください。難しい選択を迫られた場合でも，あなたがどうしてもあきらめたくないこと1つを特定できますか？　この時点で，点数の高いキャリア・アンカーが2，3種類ある人が多いようです。これは，いたって普通のことです。なぜなら，「キャリア・ヒストリー・インタビュー」でも『セルフ・アセスメント』の「自己採点」でも，キャリア・アンカーのカテゴリー間での選択を迫るような質問をしていないからです。繰り返しになりますが，キャリア・アンカーをさらに明確化するためには，まず，『セルフ・アセスメント』の自己採点項目をもう一度見直して，前回と同じ点数がつくかどうかを再検証してください。それから，キャリア・ヒストリー・インタビューによって明らかになった，あなたのキャリア上で重要な時期を見直して，あなたが思い出したことに抜けや漏れがないかどうか，あなたがつけたキャリア・アンカーの点数がそれらの内容を正確に反映しているかどうかを確認してください。

　それでもまだ，2，3種類のキャリア・アンカーのカテゴリーが同等に重要に思える人も多くいらっしゃるでしょう。その場合，あなたはまだ，1つのキャリア・アンカーだけを選び，他のキャリア・アンカーをあきらめなければならないような状況に直面したことがないことを意味しています。そのような状況を想像し，あなたがどうしてもあきらめたくないことは何かを考えてみてください。たとえば，専門・職能別能力と経営管理能力とのどちらを選ぶかで悩むケースはよくあります。あなたの将来において，あなたは上席技術専門員（あるいは，あなたが専門とする職能領域での最上位の専門職）になりたいのか，上席副社長（あるいは，CEO）になりたいのか，を自分自身に問いかけてみてください。このような問いかけを行うと，たいていの人は，自分がどちらを重要に思っているかが，はっきりとわかります。こうすることで，本当のキャリア・アンカーがわかるのです。

よくある質問

　さて，分析を終えたところで，皆さんにはいくつかの疑問が心に浮かんでいることでしょう。このセクションでは，よくある質問をまとめてみました。

■ 他にもキャリア・アンカーはありますか？

　この8種類のキャリア・アンカーの他にもアンカーはありますか，という質問をよくされます。そこでよく指摘されるのが，権力，多様性，純粋な意味での創造性，組織アイデンティティといったキャリア・アンカーです。そのため，この研究を進めるにあたっては次のような研究上の指針を用いました。既存の8つのカテゴリーではうまく説明できない事例が2件以上でてきて，しかも，その2件以上のものがお互いになんらかの次元で明らかに類似していた場合には，キャリア・アンカーの追加的なカテゴリーを新たにつくることにしました。これまでのところ，このような手順で提案された次元は，結局のところ，既存のキャリア・アンカーの1つの側面に過ぎないか，あるいは，他のキャリア・アンカーのなかで，別の形で表現されていることが分かりました。

　たとえば，権力と創造性は普遍的な欲求のようにも見えますが，いくつかの異なるキャリア・アンカーのなかに別の形で含まれています。たとえば，専門・職能別能力をキャリア・アンカーにもつ人たちは，卓越した知識やスキルを通じて権力を示していくでしょうし，起業家は組織を構築し，コントロールすることを通じてそうするでしょう。ゼネラル・マネジャーは，役職，影響力，経営資源を通じて，また奉仕・社会貢献を志向する人たちは道徳的な説得を通じて権力を示していくでしょう。創造性の場合も同様に，それぞれのキャリア・アンカーのなかで，それぞれ異なった形で示されています。多様性（訳注：いろいろなことを手がけたい，いろいろな人に接したい，そ

れらをうまくでき，大切だと思う人のアンカーとも思えるもの）は，多くの人が望み，それのおかげで成長していくもう1つのキャリア・アンカー候補ですが，それ自体がキャリア・アンカーになるというわけではありません。多様性は，自律性やゼネラル・マネジャーとしての挑戦，起業家活動，あるいは，生活様式を通じても手に入ります。専門・職能別能力，安定，奉仕をキャリア・アンカーとする人の場合，彼らがキャリアの発達過程で他に大切にしていることがあるので，それとひきかえに多様性の側面をあきらめている，といえるでしょう。

　自己分析によってキャリア・アンカーを探るこのエクササイズの狙いからいえば，自分の真のキャリア・アンカーが何であるかをまず考えていただきたいのです。将来においては，自分自身の中の何か新しいものが明らかになることもあり，自分のキャリア・アンカーを再評価する必要に迫られるかもしれませんが，気づき，明確さ，診断の正確さのためには，自分に「最適の」キャリア・アンカーを明らかにすることが最も役に立ちます。もちろん，自分の才能，動機，価値観の全体的なパターンがあなた特有のユニークなものであってもよいのです。誰もが同じ興味関心，家族構成，これまでの歩み，性格をもっているわけではないのですから。重要なことは，現在においても将来においても，よりよいキャリア選択を実現するために，自分自身の本質を理解することです。8種類のキャリア・アンカーのカテゴリーのどれに自分があてはまるかどうかを考えることは，自己分析を行う際に役立つはずですが，いずれかのキャリア・アンカーの型に自分を無理やり当てはめる必要はありません。あなたが見つけ出さなければならないことは，難しい選択を迫られたとき，あなたがどうしてもあきらめられないものは何か，なのです。それこそが，あなたの真のキャリア・アンカーなのです。

■キャリア・アンカーという概念はどのような仕事でも活用できるのでしょうか？

　現在までの研究によれば，本書で示した8種類のキャリア・アンカーは様々な職業に応用されていることが分かっています。キャリア・アンカーは医師，弁護士，教師，海軍士官，コンサルタント，ソフトウェア開発技術者，あるいは，生産労働者にもひとしくあてはまる概念ですが，キャリア・アンカーの分布は，職業によりかなり異なります（Schein, 1987, Van Maanen & Shein, 1977）。育児，ボランティア活動，宗教上の奉仕といった「無給」の仕事でさえ，さまざまなキャリア・アンカーという点から見ることができます。また，キャリアに深く関与している人をパートナーにもつ人さえも，キャリア・アンカー・カテゴリーを反映しているという理由から，家事に楽しさ

を見出すことがあります。

　キャリア・アンカーという概念が幅広く応用できる可能性を示すものとして，大都市の警察組織を挙げてみたいと思います。警察官のキャリアを検証するとき，多くの人は，警察官のキャリア・アンカーは，昇進を目指す経営管理能力だと考えるでしょう。このような希望をもつ巡査は，非番のときには大学に通い，さまざまな公務の試験に合格するよう熱心に勉強し，組織で出世する機会を虎視眈々と狙っていることでしょう。また，このような巡査は，毎日のパトロール業務を重要なこととは考えず，できるだけ早く（いつでも）パトロールの担当から外れたいと思っていることでしょう。警察組織での出世――急勾配で狭い出世の階段を，長い時間をかけて，やっかいな問題に直面しながら昇ること――を目指している巡査は，仲間の巡査たちからは，「つまらない仕事をしている人」，あるいは，「（上司の）太鼓持ち」と見られることが多いようです。

　警察には，専門・職能別能力をキャリア・アンカーにもつ警察官もいます。仲間の警察官からは，「警察官の中の警察官」と呼ばれる人たちです。彼らは，自分の警察官としての能力を磨き上げ，実践すること以外には興味がありません。刑事であれ制服警官であれ，この種の警察官にとって，「犯罪捜査」は自らの存在理由であり，出世は彼らにとってほとんど魅力がありません。実際に，役職が上がることは現場から離れることを意味するため，蔑視の対象にもなるのです。「我々は警官なんだよ。デスク・ジョッキー（訳注：机にしがみついている人）やソーシャル・ワーカーじゃないんだよ」と。彼らは，警察官の仕事のなかのある種の技術に傾倒し，そのような技術の達人となることもあります。

　保障・安定のキャリア・アンカーをもつ人もいます。このキャリア・アンカーをもつ人は，口の悪い同僚からは「制服運搬者」と揶揄されることもありますが，彼らは，面倒なことからは距離を置き，自分の仕事を確保するためになら，どのようなことでもやります。彼らはまた，日常の業務が，安定した，安全な，ルーチンワークのような仕事である部署――通信課，刑務所，記録課，安全な巡回地区――を求めます。保障・安定をキャリア・アンカーにもつ警察官に似ているのが，生活様式のキャリア・アンカーをもつ警察官です。彼らは，残業やシフト制勤務のない部署を選び，安定した収入によって可能となる，個人や家族の楽しみを求めます。また，生活様式と保障・安定のキャリア・アンカーをもつ警察官は，警察というキャリアならではの充実した退職給付を重視しており，他の警察官からは「逆算式カレンダー」をもっているとみなされます。「警察には何年お勤めですか？」と質問されると，彼らは「バッジを外して引退するまで，あと6年です」と答えるのです。

彼らは40代の前半で引退し，その後は新しいキャリアやレジャーといった，新たな機会を開くこともあります。

　警察官の世界でも，起業家的創造性のキャリア・アンカーをもつ人がいます。数としては決して多くはありませんが，警察を辞めても困らないように，熱心にサイドビジネスを立ち上げようとする人もいます。一例としては，元警察官（役職は問わない）が経営する警備保障会社を挙げることができます。また，ごくまれに「屈折した」警察官が，ゆすりや麻薬取引の犯罪ビジネスを率先して行うこともあります。奉仕・社会貢献のキャリア・アンカーをもつ警察官もいます。このような警察官は——同僚の警察官は彼らのことを「変人」とか「偽善者」と呼びますが——路上生活者や社会できわめて弱い立場にある人々を支援する，ソーシャル・ワーカーのような言葉で自分の役割を定義します。

　自律・独立のキャリア・アンカーをもつ警察官もいます。たとえば，「1人での巡回」を好む巡査や，部署や同僚からの干渉を受けずに1人で捜査を行うことを好む刑事が挙げられます（乱暴な警察官でなくても，上司からは「問題児」とみなされますが）。また，他の警察官から（あるいは，自ら），「ガン・ホー（任務を熱心に遂行する人）」と呼ばれる警察官も，このキャリア・アンカーをもっています。彼らは，SWATチームや爆発物処理班，対テロリスト班，覆面麻薬調査班，犯罪率が高い地区担当のパトロール班に所属していることが多く，危険で困難な任務に絶えずチャレンジしようとします。

　この警察組織の例が示すように，ある程度の規模の組織で，部門・職種が分かれている場合，8種類のキャリア・アンカー・カテゴリーのすべてではないにしろ，ほとんどのキャリア・アンカーが，組織の誰かによって体現されています。繰り返しになりますが，キャリア・アンカーの分布は組織の目的と文化により異なるものです。非営利団体では，奉仕・社会貢献のキャリア・アンカーをもつ人の割合が高いでしょうし，投資銀行では，純粋な挑戦や専門・職能別能力をキャリア・アンカーにもつ人が並はずれて多いはずです。グローバルな自動車メーカーは，経営管理能力にキャリア・アンカーをもつ人を多く入社させ，長く勤続させようとするでしょう。しかし，ご安心ください。他のキャリア・アンカーをもつ人も，このような組織に自分の居場所を見出すことができます。

　しかし，組織が提供する仕事の種類，給与や福利厚生，成長機会，さまざまな種類の組織からの表彰と，組織のなかのキャリア・アンカーの分布との間には，多くの相互作用があります。ある種のキャリア・アンカーは，ある種の業界や組織にいたほうが，他の業界や組織にいるよりも間違いなく実現しやすいでしょう。専門・職能別能力をキャリア・アンカーにもつ情報シス

テムのスペシャリストは，おそらく，ハイテクメーカーに所属するのがよいでしょう。そこでは，スペシャリストのもつ類まれな能力が役職など地位の区別なく賞賛され，ローテクのマーケティング会社よりも，専門業務へのニーズが高いはずだからです。タイミングもまた，重要な要素となります。経費節減やリストラクチャリングの時期においては，経営管理能力にキャリア・アンカーをもつ人は，望んでいたキャリアパスがふさがれ，専門・職能別能力をキャリア・アンカーにもつ人は，彼らの専門領域が，経営陣から会社にとって重要なものとみなされなくなれば，解雇通知を受け取ることになるでしょう。現在においても将来においても，自分のキャリア・アンカーを，最もうまくいかせる場所を探すことは，終わることなく続いているものであり，常に不確実な問題なのです。

■2つ以上のキャリア・アンカーをもつことはできますか？

キャリア・アンカーとは，難しい選択を迫られた場合，どうしてもあきらめられないこと，と定義されます。この定義は，たった1つのキャリア・アンカーしか認めないということを意味しています。その人のパーソナリティの最上位に位置づけられるたった1つのセット（才能，価値観，動機からなるセット）がキャリア・アンカーです。しかし，実際にキャリアを歩む状況では，たった1つのセットでなく，いくつもの才能，動機，価値観のセットが満たされていることもあり，このような場合，選択は必ずしも必要ではなく，何が自分のなかで最も上位にあるのかを見出しにくくなります。たとえば，パターナリスティックな（面倒見のよい家族的な風土の）会社で働く，ある職能マネジャーは，保障・安定，自律，専門・職能別能力，経営管理能力，さらに生活様式のキャリア・アンカーを満たすことができます。この人のキャリア・アンカーを1つに決めるためには，先に指摘したように，選択を強いるような仮説的なキャリア上の選択肢を思い浮かべなければなりません。たとえば，この人は，事業部長になる方を選ぶのでしょうか，あるいは，専門分野で本社担当役員（訳注：たとえば，生産職能なら工場長，研究開発部門なら研究所長，IT関連の専門なら情報システム部長になることを意味します）になるほうを選ぶのでしょうか？ そのような選択の場面を自分で思い浮かべてみれば，たいていの人は自分の真のキャリア・アンカーを明らかにすることができます。

幸運な人ならば，そのような難しい選択をする必要はありませんし，長い仕事キャリアを，いくつかのキャリア・アンカーを背負ったまま進むこともできるでしょう。しかし，これにも限界があります。第一に，社会学的限界

があります。私たちのキャリアは，外的要求が定義する形で私たちに重くのしかかっており，アンカーが定義した自分から漂流して遠くに行きすぎてしまわないように，選択を迫られることが多いものです。第二は，心理的な限界であり，それぞれのキャリア・アンカーが表す技能や動機，価値観が明確に異なるものですから，程度の差こそあれ，そこから葛藤が生まれてきます。

　もちろん，異なるキャリア・アンカーの間にも補完的な要素があり，他のキャリア・アンカーと比較的結びつけやすいアンカーと，そうでないアンカーがあります。しかし，選択を迫られた場合，各キャリア・アンカーは違う方向に進もうとします。このように，あなたのキャリア上の優先順位を明確化し，十分に考えておくことは，キャリア上の決断を迫られる時が来た場合，指針として大いに役立ちます。たとえば，経営管理能力のキャリア・アンカーは，生活様式のキャリア・アンカーと補完関係をもつことがあります。経営管理の仕事で生計を立てながら，多くの時間を配偶者や子供たち，あるいは，大家族や友人と過ごし，気に入った土地で見事な家に住み，テニスやマラソンを楽しみ，環境に関心のある旅行者として遠くまで出かけることができます。しかし，収入はどうであれ，あなたがこのような仕事に関係のないことへの興味関心や情熱の一部または多くを犠牲にしなければ，ゼネラル・マネジャーというキャリアの頂点にたどりつくことはできません。そのような代償は徐々に表れてくるものかもしれませんし，突然やってくるかもしれません。しかし，あなたがキャリア・アンカーの優先順位をしっかりと理解しておけば，キャリアに関してよりよい選択ができるはずです。

　仕事キャリアを始めたばかりの人にとっては，自分のキャリア・アンカーについて考え，優先順位をつけることはとても難しいことです。さまざまな仕事経験がなければ，8種類のキャリア・アンカーそれぞれの一面だけが望ましく見えてしまう可能性があります。たとえば，大学を卒業したばかりの人は，かなりの自律性があり，高いレベルの責任を任され，自分の技術・スキルを活かす機会があり，昇進の機会が多く，給料が高く，福利厚生も充実していて，仕事を離れられる自由な時間が豊富にあり，安全を実感できるほど雇用が保障されている仕事に就きたい，とよく言います。つまり，彼らはすべてを手に入れたいのです。しかし，5年後または10年後に，彼らに「キャリアに何を望むか」とたずねると，「取引がしたい」とか「新しい製品を発売したい」「スタートアップ企業を立ち上げたい」，あるいは，「もう転勤はしたくない」とか「不動産のポートフォリオのマネジメントをしたい」，「会社で部門長になりたい」などの，より明確で具体的な答えが返ってくるでしょう。自分のキャリア・アンカーを明確化できているという自信は，あなたの今までの経験（および，成功も失敗も含めてあなたが過去に行ったキャリア

選択）や，その経験によって学んだことから生まれてくるのです。

　自分にとって明確なキャリア・アンカーが浮かび上がらない場合，その人は，キャリア選択をどのように行うかを決めるための優先順位を確立できるほどの十分な人生経験をまだ積んでいない可能性があります。このような状態にある場合は，まず，どのアンカーが自分にとって最も重要だと思うかを決めておき，そのアンカーに沿ったキャリアが進むにつれて直面すると思われる仕事の選択を系統立てて想定し，さまざまな状況に対して自分がどのように感じるのかを明らかにしていく，という方法があります。たとえば，ゼネラル・マネジャーとしての才能やそうした仕事への興味が自分にあるかどうか分からず，また，それを経験する機会もない，という場合を考えてみましょう。このような場合，自ら進んでボランティアとしてプロジェクトを運営したり，ある委員会の委員長を務めたり，あるいは，ある部門の部長代理をやらせてもらえるよう頼んだり，とさまざまな形でそのような仕事を経験してみるのがよいでしょう。このような方法の代わりに，そういった仕事に実際についていることがはっきりしていて，その仕事に対する才能と興味関心をもっている人を見つけ，その人から，今の仕事がどのようなものであるかを詳しく聞いてみるのもよいでしょう。

■キャリア・アンカーは変わりますか？

　キャリア・アンカーが変わるのかどうかということに関しては，今までのところ十分な実証が得られていません。つまり，キャリア・アンカーがどのように進化していくのかを，十分に長い期間にわたって追跡した事例がまだ少ないからです。しかし，1960年代の研究開始当初にパネル調査の対象となった人たちは，すでに40代，50代に達しています。これまでのところ，実証結果は，キャリア・アンカーは安定しているという考えに分があることを示しています。その理由はおそらく，人が自分の自己イメージを明確化すると（つまり，自分が何に優れ，何を望み，何に価値を感じるのか認識すると），その自己イメージをもち続けようとする傾向があるからだ，と考えることができます。人々は自分自身をよく知れば知るほど，苦心して得た自分自身についての理解をもち続けたいと思うようです。

　いくつかの例を挙げて説明しましょう。まず，専門・職能別能力をキャリア・アンカーに持つ，大企業勤務のエンジニアリング部門のマネジャー職にある人が，会社が決めるキャリアパスによってゼネラル・マネジャーに向かっていることに気づいた例を考えてみます。次の昇進によって自分がゼネラリストとしての仕事に向かっていくだろうと感じ取った彼は，親しくしている経

営上層部の人たちに会い，本社スタッフのなかの高い地位の仕事に異動できるように根回しを行いました。その結果，水平方向の異動を実現することに成功しました。彼はより地位の高いゼネラル・マネジャーに昇進する道を捨て，自分の好きな専門領域にとどまるほうを選んだのです。専門・職能別能力をキャリア・アンカーにもつ，もう1人のマネジャーは，自分の仕事が退屈で「行きづまって」いたため，仕事を辞めました。彼女が次に選んだのは，同じ専門・職能領域のコンサルタントの仕事で，彼女はそこで成功を収めました。彼女のキャリアは変わりましたが，キャリア・アンカーは変わりませんでした。最後に，自律・独立にキャリア・アンカーをもつ，営業担当者の例を挙げましょう。彼は組織人としての人生にすっぱりと別れを告げ，最低限度の暮らしをしていました。しかし，結婚して子供が生まれると，皆と同じような世界には戻らず，妻とともに，自律性が保てるアンティーク・ショップを開くことにしました。

外的キャリアにおいて人生半ばで劇的な変化をした人たちのなかにも，自分のキャリア・アンカーとなっていたものを実現しようとしている人がいます。彼らは，単に自分が本当にやりたいと思っていたことをやるチャンスに恵まれなかっただけなのです。たとえば，奉仕・社会貢献にキャリア・アンカーをもつ，企業の財務アナリストの場合，民間投資銀行での「あまりにも長い見習い期間（15年間）」に嫌気がさし，銀行を辞めて，それまでに蓄えた資金を使って，友人とともに子供たちと身体障害者のための非営利の教育ベンチャーを立ち上げました。また，別の例として，専門・職能別能力をキャリア・アンカーにもつ，コンピュータ関連のコンサルタントの事例を挙げたいと思います。彼は，ずっと法科大学院に進学したいと考えていました。あるとき彼は，相続によって多少の資金を手に入れることができたので，その時をとらえ，本来やりたかった道を選ぶことにしました。法科大学院卒業後，彼は小さな町で法律事務所を開き，過去に身につけたコンピュータとコンサルティングの能力をフルに活用して事務所を成功に導いたのです。今でも彼は専門・職能別能力をキャリア・アンカーにもっていると考えられます。

キャリアが形成されていく過程において，仕事とキャリア・アンカーがマッチしないことはよくあります。専門・職能別能力をキャリア・アンカーに持つ人がゼネラル・マネジャーに昇進するというようなことがあるでしょうし，経営管理能力にキャリア・アンカーをもつ人が高度専門スタッフの職務を与えられるといったこともあるでしょう。保障・安定をアンカーにもつ人に対して，ベンチャー起業から誘いの手が伸びるということもあるかもしれませんし，自律・独立アンカーの人が，生活費を確保するため，管理の厳しい上司の下で，退屈ではあるけれども安定した仕事に甘んじるといったことが起

こる可能性がないとはいえません。人はこのような状況でも何とかやっていけますし，ときによっては良い成果を出せることもありますが，そのままでは幸せではありませんし，本当の自分として働いているという感じもしないでしょう。人はみな環境に適応し，その環境でベストを尽くしますが，キャリア・アンカーは変わりません。ですから，機会にさえ恵まれればすぐに，仕事とキャリア・アンカーをマッチさせようとするのです。

■■■

　さて，皆さんは今，自分のキャリア・アンカーについて，かなり明確な考えをもっていることでしょう。自分のキャリアで変化を経験したことがある場合，あなたのキャリア・アンカーが変化したのか，あるいは，異なるキャリアや人生の段階においてあなたが関心を抱いていた事柄が変化しただけなのか，を自問してみてください。次の章では，あなたが関わっている仕事と家族の関係に目を向け，あなたのキャリア・アンカーと現在の仕事の役割，現在の人生の状況がマッチしているかどうかを確認していきます。もしマッチしていない場合，あなた個人の成長のために，どのように考えていけばよいのかを見ていきましょう。

改革を進める：
自分のキャリア・アンカーと仕事・家族・自分自身の折り合いをつける

　ここまでは，皆さんのキャリア・ヒストリーと，ご自身の能力，キャリア動機，強く抱いている価値観を洞察することに集中してきました。キャリア・アンカーという概念は，このような洞察を形にしたものです。しかし，自分自身のキャリアに責任をもつことが以前にも増して求められる世界において，あなたは次に何をすればよいのでしょうか？　賢明な計画を立てるためには，現在および将来の仕事，家族および個人的状況を分析しなければなりません。これは，あなたが自分のキャリアに関して意思決定をするための1つのプロセスです。あなたは会社での現在のポジションにとどまりたいですか？　それとも社内の別のポジションにつきたいですか？　あなたは今の組織で働き続けたいですか？　あなたはこのまま今の業界で働き続けたいですか？　それとも，別の業界に移りたいですか？　あなたにとって今はベンチャー企業を立ち上げるときですか？　あなたは現在までのキャリアの軌跡に満足していますか？　現在のコミュニティにとどまりたいですか？　それとも引っ越したいですか？　どこに引っ越したいですか？　現在の環境において，今後やってきそうなキャリア選択の際に考慮しなければならないことは何ですか？

　このようなキャリアに関する質問に答えるのは難しいことですが，現在の職場，家族や私生活において経験している外的要求を明らかにしていくことから始めるのがよいでしょう。そして次に，あなたのキャリア・アンカーに照らして，これらの要求をどのように満たし，変化させ，あるいは取りかかればよいのか，を慎重に考えます。そのために役立つ2つのエクササイズを以下では示していきます。第一のエクササイズは，現在もしくは近い将来，あなたが直面している仕事からの要求に関するものです。第二のエクササイズは，あなたが現在，仕事のキャリアと個人としての生活・家族との生活との折り合いをどのようにつけているか，そして，それを今後どうしていきたいか，に関わるものです。

■役割マップ：あなたの現状を分析する

あなたの現状を分析するために、まず、役割マップの上で、あなたにとってきわめて重要で、あなたに多くのことを期待している人々（あるいは、グループ）を特定することから始めます。ここでの重要な他者とは、あなたに対して一時的な関心以上の期待を抱き、あなたにとっても重要で、その人の期待にあなたも心から応えようとしている、あるいは、応えなければならないとあなたが感じている人々のことであり、あなた自身も含まれます（これは、キャリア・アンカー分析で示されます）。家族、親しい友人、上司や部下、参加している団体、仕事関係の同僚やグループなどをリストアップしましょう。自分がもっているネットワークの全体や、知り合いのすべてをリストに入れる必要はありません。あなたへの要求や期待が、現在のあなたにとって重要な人だけをリストに入れてください。役割マップの例を図２に載せましたので参考にしてください。では、次のステップに進みましょう。

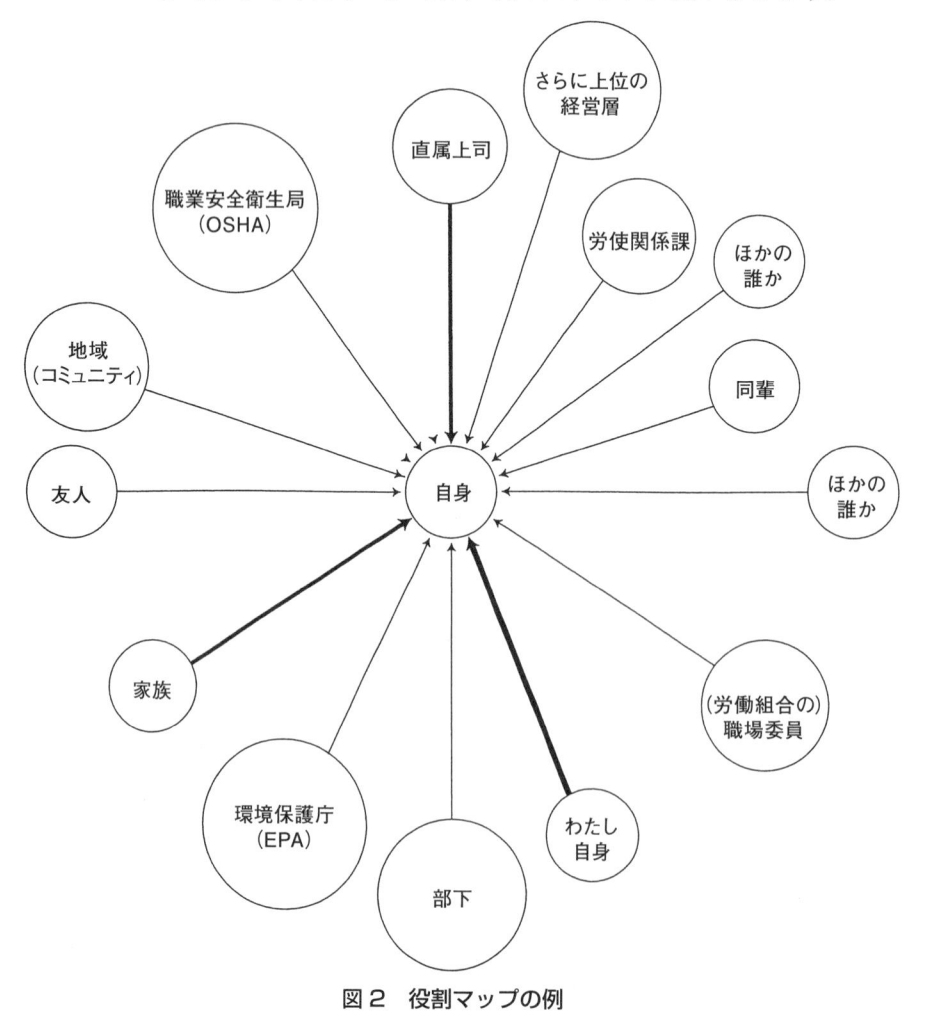

図２　役割マップの例

ステップ1：役割マップを作成する

A. 次の白紙のページに役割マップを書いてください。ページの真ん中に「自分自身」を表す円を書いてください。
B. あなたが組織に所属している場合，上司を上の方に書き，あなたを表す円に向けて矢印（→）を引いてください。
C. あなたの下に部下を書き，各部下からあなたの円に向けて矢印を引いてください。
D. あなたの役割において，あなたに何かを期待している人々を，あなたの円の上下，左右に書いてください。たとえば，あなたの組織の同僚，顧客，コミュニティのメンバー，子供を含めた家族，両親，親しい親戚，親しい友人などです。役割マップの目的は，あなたの「役割セット」に関わる人々をすべて位置づけることで，あなたが応えなければならないすべての役割期待を分析することにあります。矢印の太さは関係の強さを表し，それらの人々からの期待に応えることの重要性を表します。
E. 「あなた自身」から「あなた自身」への矢印を書いてください。なぜなら，あなたには，職場の内外で「あなた自身」から期待されていること――教育を受ける，レジャー，趣味やスポーツといった関心事，ボランティア活動や市民活動，健康や運動の目標など――があるからです。

わたしの役割マップ

ステップ２：主な役割送信者が期待していることをリストにする

　あなたの役割セットにおいて重要となる人物を特定したら，余白に役割送信者（訳注：マップ上に挙げた，あなたに対して期待をしている人・集団）のそれぞれが期待していることを書き込んでください。特に，家族や組織の主要なメンバーなど，あなたにとってキーとなる役割ステークホルダー（役割利害関係者）の期待を書いてください。さらに，あなたが総合的な幸福感や人生の満足感を得るために絶対的に必要なもの，必須となる役割を明らかにしてみてください。

ステップ３：役割の問題点と行動手順を特定する

　（自分自身を含めた）ステークホルダーの期待を明らかにすることは，役割にまつわる３つの重要な問題——曖昧さ，過重，葛藤——をあぶり出すことになります。それぞれの問題を以下で説明します。説明の後に，あなたのためのスペースを空けておきましたから，自分自身の状況を評価し，今後の対策をメモしてみてください。

役割曖昧性

　一部の役割送信者に関しては，あなたは彼らがあなたに何を期待しているのかが明確には分からないかもしれません。そのような彼らの期待を明確にするためにあなたがとるべき行動を，「To-Do リスト」（やるべきことの一覧表）に書き込んでください。To-Do の例として，自分の役割を理解するためのミーティングを開き，役割送信者に参加してもらい，彼らが何を期待しているのかについて話し合う，ということが挙げられます。

役割過重

　皆があなたに期待していることをすべて合わせると，あなたが実際に行えることをはるかに超えたものになるかもしれません。あなたはどのように優先順位をつけますか？　あなたは誰からの期待に応えることが最も多く，誰からの期待を最も頻繁に無視しているか，を考えてみてください。あなたは自分が思っている優先順位を他の人に伝えていますか？　たとえば，あなたは期待に応えるのが遅くなったり，期待に応えることができない役割送信者と明確な形でコミュニケーションをとっているかもしれません。過重に対処する方法が他にもある場合，「To-Do リスト」に入れておいてください。

役割葛藤

あなたは，役割セットのメンバーの一部が期待していることが，他の人からの期待や，あなた自身の期待と対立することに気がつくかもしれません。このような葛藤をどのように解決すべきか，葛藤の存在を否定するのか，それぞれの期待に少しだけ応えることで妥協するのか，役割送信者と交渉するのか，自分自身に問いかけてみてください。役割葛藤を軽減するためにあなたにできることの手順を考えて，「To-Do リスト」に書き込んでください。たとえば，あなたの2人の同僚が，あなたに対して相反する期待をしている場合，2人の前で，それぞれが期待していることは何か，それがあなたにどのような影響を与えるのかを話し合って検証してみるのもよいでしょう。

あなたのキャリア・アンカーと現在の仕事はどれくらいマッチしていますか？

　さて，あなたはもう，キャリア・アンカーという観点から，自分が求めているものと，あなたの現在の仕事や役割ネットワークについて学んできたことの比較ができるはずです。あなたの現在の仕事と，満足できるキャリアと人生という点であなたが本当に求めているものとの間には，大きなミスマッチがありますか？　将来の仕事の可能性を評価する際に，あるいは，最も重要なことですが，想定した仕事上の挑戦への準備はできているのか，その準備をするために何をしていくのかを明らかにするために，役割マップを使うこともできます。役割マップを使ったエクササイズの締めくくりとして，先に明らかにした重要な役割曖昧性，役割過重，役割葛藤を見直し，自分のキャリア・アンカーと照らし合わせながら，「To-Do リスト」に挙げた項目の優先順位づけをしてください。

　あなたが今すぐに目を向けなければならないことは何でしょうか？　過負荷を解消するには，誰の助けが必要でしょうか？　他者があなたに期待することを，あなたはどのようにして明確化しますか（そしてどのようにそれに影響を与えますか）？　たとえば，あなたのキャリア・アンカーが純粋な挑戦であるのに，あなたの役割マップで明らかにした役割送信者が挑戦機会をほとんど与えてくれない場合，あなたは自分のキャリア・アンカーに合わせるために，現在の仕事をどのようにしてストレッチさせ（訳注：背伸びしないと届かない高いレベルの仕事にする），優先順位づけをし，または再構築していきますか？　あなたが，自分の興味関心やスキルを試したり，拡大したり，強化したりするような，もっと骨の折れる，困難な仕事に挑戦したいということを，（あなたの役割マップで特定された）職場であなたの周りにいる人たちに，どのようにして知ってもらいますか？　役割曖昧性，役割過重，役割葛藤の度合いが仕事によって異なるという事実は，あなたが行っている仕事には必ず工夫の余地があるということを意味しています。そうすることで，あなたのキャリア・アンカーを妨げるさまざまな障害や複雑な課題を乗り越えることができるのです。

■仕事キャリアと家族／生活の優先順位グリッド：あなたの現状を分析する

　　仕事の種類や仕事への姿勢から，私たちがどのような人間か，何に関心をもっているか，どのような自己意識をもっているのか，どのような性格であるかを知る大きな手がかりとなりますが，私たちは仕事のみで生きているわけではありません。私たちには皆私生活があり，仕事以外の場で果たす役割も，私たちにとって重要なものです。家族生活はもちろん，一番ではないかもしれませんが大切なものの1つです。結婚していてもいなくて，子供がいてもいなくても，仕事キャリアを始めたばかりでも終える頃でも，親密な人間関係があっても1人で暮らしていても，私たちは生活におけるさまざまな領域をうまくまとめる方法を見出すことが必要になります。キャリアにおいて自分が望むことや成し遂げたいことと，仕事以外の生活で大切なこととをうまく統合することの難しさについては，今日よく話題になっています。私たちは仕事キャリアと同様に，「満ち足りた人生」を望んでいますが，そのためにはさまざまな調整が必要となります。言い古された表現ですが，死の床で，オフィスでもっと時間を過ごしたかったと思う人はほとんどいないのです。

　　管理職や専門職が要求される仕事時間は，近年増えてきています（Jacobs & Gerson, 2004）。また，多くの指標が，専門職の母親（幼少の子供をもつ母親を含む）がこれまでになく長時間働いていることを示しています（Percheski, 2008）。こうした傾向は，私たちが送る生活に大きな影響を与えています。アメリカの家族を例にとれば，フルタイムの仕事と子育てを合わせて行うには，自分たちでできるだけのことをしなければなりません。というのも，国の政策には，託児所に入れるような支援，有給の育児休暇，就業時間に関する規則などがないからです。柔軟で融通のきく勤務日や勤務時間，産休，父親の育児休暇，短時間勤務制などの労働時間の規制などの，断片的ではありますが「ファミリー・フレンドリー」な方針を掲げる企業や少数の公共機関はありますが，多くの雇用者は，それらを利用することが「キャリアを制約する」ことを意味し，職場の人たちに追い越されることになると思っているので，これらの制度を利用することを避けてしまいます。このような趨勢や状況においては，生活のさまざまな領域をうまく統合することが困難なのは明らかです。しかし，だからこそ，そうしようと努めたり，どのように折り合いをつけたらよいかを考えたり，実際に折り合いをつける行動をとったりすることが重要になるのです。

　　あなた自身とパートナーの優先順位を整理し，お互いの優先事項をどのように折り合いをつけてきたかを整理するため，以下の指示のとおりに，図3

		あなた自身		
		仕事キャリア	同等	家族／生活
パートナー	仕事キャリア	1	2	3
	同等	4	5	6
	家族／生活	7	8	9

仕事キャリア＝家族その他の私生活面より仕事キャリアへの責任と関わりのほうが大きい。
同等＝仕事キャリアと，家族その他の私生活面の責任と関わりが同等に分割されている。
家族／生活＝仕事キャリアより家族その他の私生活面の責任と関わりのほうが大きい。

図３　仕事キャリアと家族／生活の優先順位グリッド

出所：仕事キャリアと家族／生活の優先順位グリッドは，2000年に，MITスローン校経済学部，ロッテ・ベイリン氏により開発された。

　　の「仕事キャリアと家族／生活の優先グリッド」(Bailyn, 2002, 2006)を使って位置づけをしてみましょう。グリッドを作成するにあたり，あなたの日常生活において現在，最も優先順位の高い要求は何かを考えていただきたいのです。

　まず，現在あなたが自分のキャリアや家族に対して与えている優先順位を評価してください。私たちはみな，職場での仕事，家族への責任，市民活動やレジャーなどのその他の活動に関して，自分の時間，労力，コミットメントを配分しなければなりません。最初は番号のついたセルを無視して，上段グリッドに横に並んでいる３つの優先順位のカテゴリー（仕事キャリア，同等，家族／生活）のどれに自分があてはまるか，１カ所をチェックしてください。

　もしあなたが仕事キャリアにチェックをつけたなら，あなたは現在，家族その他の個人的なことや地域との関わり合いよりも，仕事キャリア（および，外的要求）に責任やコミットメントをもっていることを表しています。もし家族／生活を選んだなら，あなたは現在，仕事キャリアより家族その他の個人的なことや地域とのつながりにより責任とコミットメントをもっていることを表しています。もし同等を選んだなら，あなたは家族と仕事キャリアの

両方に等しく責任とコミットメントをもっていることを意味しています。ここでいう家族とは，配偶者やパートナー，子供，血縁者のように私生活において気持ちを満たしてくれるような人および活動を意味しています。また，この分類には，大切な副業，地域または宗教的関わりなども含んでいます。現在1人で生活する人には，「家族」とは最も大切にしている人や活動を意味します。

　次に左側の列を見てください。これは，あなたのパートナーが3つのカテゴリーにどのように優先順位をつけているかを表します。あなたのパートナーが選択したセルをチェックしてください。パートナーは仕事キャリアをチェックしましたか？　家族／生活ですか？　それとも，同等ですか？　ここであなたのパートナーと話し合いをすることが大切です。自分の最初の考えを再確認するとともに，パートナーの志向に関するあなたの判断も再確認してください。配偶者はパートナーの日常の行動に関して，かなり異なった見方をしているものですから，仕事や家族に関して，現在のところ，誰がどのように関わり，誰が責任を引き受けているかを，正確に，かつ納得のいく話し合いをすることが大切です。現在あなたにパートナーがいない場合，理想のパートナーだったらどのような選択をするのか（なぜそのような選択をするのか）を考えてみてください。

　最後に，さきほどチェックした，自分とパートナーのそれぞれの優先順位が9つのセルのどこで交わるかを明らかにしてください。もしも，あなたが優先順位を仕事につけ，パートナーが同等につけた場合は，セル4になります。もしあなたが優先順位を家族につけ，パートナーが同等につけた場合，セル6になります。2人とも仕事につけた場合，セル1になります。お分かりですね。次に，現在のあなたの家族／生活の状況を表しているセルの番号を○で囲んでください。また，あなたが将来のある時点――3年後，5年後あるいは10年後――に予想される，理想の家族／仕事の状況を表すセルに向かって，現在の○印のついたセルから矢印を引いてください。図4に，この作業を終えた，「仕事キャリアと家族／生活の優先順位グリッド」の例を示します。

　現在のあなたの家族／仕事の状況――さらに，人生の今後のステージにおける家族／仕事の状況――を最も的確に示すセル――1から9――を明らかにしましたので，そのセルにおいて得られる恩恵や，遭遇するかもしれない困難についてじっくりと考えてみてください。重要なことですが，すべてのセルが実行可能，実現可能なのです。9つのどのセルにおいても満足のいく人生を送ることは可能なのです。しかし，どのセルにもそれぞれ異なる問題や困難があり，またどのセルにも，そのセルに最も適するキャリア・ア

あなた自身

	仕事キャリア ✓	同等	家族／生活
仕事キャリア	1	2	3
✓ 同等	④ → 3年後 → 5		6
家族／生活	7	8	9

(縦軸：パートナー)

仕事キャリア＝家族その他の私生活面より仕事キャリアへの責任と関わりの方が大きい。
同等＝仕事キャリアと，家族その他の私生活面の責任と関わりが同等に分割されている。
家族／生活＝仕事キャリアより家族その他の私生活面の責任と関わりの方が大きい。

図4　仕事キャリアと家族／生活の優先順位グリッド—完成版サンプル

出所：仕事キャリアと家族／生活の優先順位グリッドは，2000年にMITスローン校経済学部，ロッテ・ベイリン氏により開発された。

ンカーがあります。どのような家族もすべてのパターンを活用できますが，セルがもつ難しさは異なります。では，仕事，家族，個人的な関心事について，各セルが何を示しているのかを考えてみましょう。

あなたとパートナーが同じ優先順位を選んでいるパターン（セル1，5，9）は，2人のニーズやキャリア志向が似ていることを表します。しかしそれぞれのセルにより，生活の状況は異なります。

セル1は，2人ともキャリアに対して強く関与していることを表しています。2人ともそれぞれの仕事を拠り所とし，仕事志向であるため，2人とも，経営管理能力にキャリア・アンカーをもっているケースがあてはまります。このセルにおいて，子育て——特に幼児の子育て——と仕事を両立させること，あるいは，家族中心の生活やパートナー中心の生活と仕事を両立させることは難しいでしょう。家族の生活については，かなり綿密な計画を立てたうえ，大半の家事や育児を，賃金を支払って他の人に任せるか，この仕事を快く引き受けてくれる人——おそらく，家族のなかの誰か——に頼む必要があります。このセルは，おそらく仕事における達成目標が高く，親密な付き合いへの要求が比較的低い人たちに向いています。人生の重点を家族，家庭，地域，個人的な関心事に置いている，生活様式にキャリア・アンカーを

もつ人たちには向いていません。このセルは，通い婚という形をとるカップルに向いているでしょう。また，このセルには，奉仕・社会貢献，保障・安定をキャリアにもつ人たちよりも，自律・独立，純粋な挑戦，および，専門・職能別能力をキャリア・アンカーにもつ人たちの方に向いているでしょう。このセルは2人のキャリア・ステージやキャリア・サクセス（訳注：キャリアにおける成功）の度合が同じくらいの場合に最もうまくいきます。もし，一方が他方に比べはるかに「成功」または「失敗」している場合は，うまくいかないでしょう。

　セル5は，おそらく9つのセルのなかで，最も難しい状況になるでしょう。このセルは，さまざまな形での役割葛藤が起きる可能性が非常に高く，パーソナーの双方が，持続的かつ多くの柔軟性をもち，交渉や妥協をすることが必要となります。仕事においても私生活においても，お互いにが尊重し，公平かつ公正であるためには，規範となるグループの助けが必要になりますから，このセルの場合，準拠集団（訳注：自身の価値観，信念，態度，行動のあるべき状態の規範的な基準となる集団）をもつことが重要になります。準拠集団としては，近所の人たち，友人たち，両親，参加している団体，職場の同僚などが考えられます。あなたの役割マップも，キーとなる準拠集団を見つけるのに役立つでしょう。あなたが仕事やその他のことへの時間の使い方に，他の人がどのような影響を与えるかを理解することが，このセルでの生活を成功させるカギとなるはずです。おそらくアメリカでは，夫婦がともにフルタイムで働くことが多いため，（収入のレベルには関係なく）このセルが最も一般的なパターンと考えられます。もちろん，特に管理職や専門職へとつながるキャリアの場合，家事や子育てがパートナー間で均等に分担されるようになってきているのか，という議論も多くなされています。今でも，女性が家事や子育てを男性よりはるかに多く行っています。高収入の人たちは家事や子育ての一部を「アウトソース（外注）」できますが，（大半とまではいかなくとも）多くの女性は，今でも家庭で「セカンド・シフト（訳注：第2の勤務。つまり，家事や子育てのこと）」という問題を抱えています。8種類のキャリア・アンカーのいずれもが，このセルに位置づけられうるものですが，自律・独立にキャリア・アンカーをもつ人たちは，このパターンからの要求や変化によって生じる疲労が多少は少ないでしょう。

　セル9では，要求の厳しい仕事キャリアとの両立は難しくなります。仕事は第一に生活様式を支えるために行うものです。X世代（訳注：1960～1974生まれの世代）やミレニアル世代（訳注：1982～2000年生まれの世代）の場合，長い時間をかけて仕事キャリアを確立しようとはせず，旅行に出かけるようなレジャーの時間をあまりもたず，友人と時間を過ごしたり，山に

登ったりして,「ただ単に生活を楽しむ」というような人がいます。また,障害をもつ子供の世話をしながら生活する人や,高齢の両親を介護する人もいます。生活様式についての問題や関心事が,最優先されているのです。仕事キャリアで成功することは,(家族志向であっても,個人志向であっても)人生を追求することに比べれば,二の次なのです。このセルは,幸運で他の収入源がある人にはうまく適合しますが,経済的なニーズや不安感が大きい人には向いていません。保障・安定,生活様式にキャリア・アンカーをもつ人たちには,実現可能かもしれません。また,家庭や家族からあまり離れる必要がない場合,奉仕・社会貢献にキャリア・アンカーをもつ人にも向いているかもしれません。2人のお互いの家族への志向を統合する1つの方法として,同じようなスケジュール,同じ場所で働くことができ,家族のほうでニーズが生じた場合には仕事上の要求と折り合いをつけられるようなジョイント・ベンチャーを立ち上げることによって,起業家的創造性というキャリア・アンカーをもてるようになることもあります。しかしこのセルは,パートナーの一方または両方の気持ちに「失敗」感をもたらすこともあります。さまざまなキャリア・アンカーへの関心や高い目標を抱くことで生まれた,満たされない願望が明確になり,そこから,不満足や罪悪感,恥といった感情が生まれることもあるからです。

やや差異のあるパターン(セル2,4,6,8)では,家族のなかのパートナー同士がもつ個人的なニーズとキャリア志向がやや異なっています。このパターンは,生活様式を除いた,ほとんどのキャリア・アンカーに適応することができます。これらのセルの明確な特徴は,パートナーの一方が時間と関心を家族や仕事以外のことに向けており,仕事へのコミットメントが低いことです。セル2,4では,パートナーの一方が仕事キャリアに専念しています。2人とも自分にとって重要なキャリアをもっているかもしれませんが,キャリアを追求する度合いやコミットメントの,担う責任が異なっています。一方が家の外で仕事をし,他方が外での仕事を控えています。たとえば,子供が小さい間は女性が仕事キャリアへのコミットメントを抑え,子供が就学してから再び仕事に力を注ぐ場合もあるでしょう。結果として,たとえば20代と40代および50代には仕事への責任や関心が大部分を占め,30代ではそれが低下するM字型キャリアとなります。しかし,多くの職業において,このパターンをとるためには大きな代償を支払うことになります。このセルで同等の役割を選んだパートナーが,経営管理能力,専門・職能別能力,起業家的創造性にキャリア・アンカーにもつ場合,少なくとも仕事へのコミットメントを抑えなければならない時期には,かなりの不満を抱えることになるでしょう。

これらのやや差異のあるパターンでは，パートナーの間で，収入，キャリアの発展段階，地位の差などに関する競争や比較という問題が起きることもあります。また，一方が，仕事と家庭のどちらかを優先するというのが難しいと思って「同等」の役割に固定化してしまったと感じることもあります。家族で十分な話し合いを行うこと（さらに，何回も話し合いを行うこと）が，2人にとって満足のいく生活を実現するための前提条件となります。

　セル2とセル4は，家族生活と私生活に関しては，セル6とセル8よりも難しくなります。なぜなら，パートナーの一方の仕事キャリアへの強いコミットメント（および仕事に関する外的要求における柔軟性の低さ）ゆえに，仕事キャリアと家族／生活の両方に関わろうとするもう1人のほうに，不相応なほどの大きな負担がかかってしまうからです。セル6とセル8は，パートナーの一方は仕事キャリアと家族／生活の比率は同等で，もう1人は家族／生活を重視しています。もちろん，同等を選んだパートナーが，職場におけるキャリア・サクセスやそれのもたらす経済的なメリットを失う可能性もあります。しかし，2人が満足のいく家族と私生活に対して，そうしたキャリア・サクセスがもたらす代償があまり大きいと考えるならば，このパターンは実現可能となります。

　極端な差異のあるパターン（セル3とセル7） は，役割分担にまったく重複がないのが特徴で，どのような家族システムのパートナーでもこのようなパターンになることがあります。パートナーの一方は仕事キャリアに，もう1人は家庭に専念し，相手の時間や労力に関して，要求や期待がほとんどありません。キャリアに専念している人が男性でそのパートナーが女性の場合，そのパターンは「伝統的」で，過去においては広く社会に受け入れられ，良いものとされ，支持されていました。しかし，ここ30年ほどで女性の役割は劇的に変化し，現在，アメリカの女性の85％がフルタイムで働き，管理職や専門職というポジションで働く女性も増加しています。そのため，極端な差異のあるパターンは減少傾向にあります。今日では，アメリカの既婚夫婦で，仕事に就かず家庭にいる配偶者をもつ人は13％にすぎません——これは，40数年前のおおよそ35％から大きく減少しています（Mishel, Bermstein, & Shierhotz, 2009）。

　セル3とセル7に見られる大きな差異のパターンの特徴は，パートナー間での役割の明確な分割です。このパターンは，両者の好みに合っていて，また，関心事が別々であることによってお互いが疎遠になる（相手がどのようなことに興味・関心をもっているかに興味・関心がなくなる）といったようなことがなければ，うまくいくはずです。もちろん，家族がまったく別の世界に離れていってしまわないようにする努力が必要になります。まだ数は少ない

ですが，男性が家族の世話と家事に責任をもち，女性が仕事キャリアに専念するというような，役割が伝統的なパターンと逆転しているケースもあります。このパターンは，（変化しつつありますが）すでに確立された，役割に関する文化的な期待から逸脱したものなので，このようなカップルは，社会からの孤立感や不快感，屈辱感を感じることもあるでしょう。キャリアのほうの役割をもつ女性は，家族の世話をするより，家族を養う立場であることのほうに，より居心地の悪さを感じることがあります。このような非伝統的な役割を担う女性が，「母親信仰」を感じ，罪悪感を抱く結果となることもあります。家族の世話をする役割の男性は，その役割に対してアンビバレントな感情や気まずさを感じることがあります。その気持ちは，社会の一員になり切れていないこと，仕事キャリアにおける実績を認められていないことへの屈辱感や怒りに変わることもあります。このような受け止め方は，自分独自のアイデンティティをもてず，仕事キャリアによって一般社会で地位や尊敬を得ることのできなかった，「伝統的なパターン」の下での多くの女性の状況に相通じるものがあります。

　このパターンにあてはまるキャリア・アンカーについてですが，生活様式以外のキャリア・アンカーにはどれも向いています。もしも可能であれば，2人のキャリア・アンカーに折り合いをつける方法として，一方がある期間フルタイムで働き収入を得て，その後で役割を交替させることも考えられます。しかし，この場合に問題となるのは，ほとんどのキャリアにおいて，成長は継続と経験によってもたらされるものであり，また，キャリアにかけられる時間には限りがあるということです。自律・独立，純粋な挑戦，および起業家的創造性にキャリア・アンカーをもつ人が，仕事と家族への責任を段階的に変える「ストップ・アンド・ゴー」ともいうべきキャリアを実行することに最も向いているでしょう。

■■■

　さて，あなたは今，キャリア・アンカーの診断を終え，現在の仕事に関して役割マップを作成し，現在の仕事キャリアと家族／生活の優先順位の特徴を明らかにする，さまざまなパターンについて深く考察しました。これらのエクササイズは，あなたの現在の仕事・家族・個人の状況と，そして，あなたが仕事キャリアにおいて本当に求めているものとの間にあるミスマッチを明らかにするのに役立つはずです。さらに一歩進めば，あなたがここで考えたことを反映した，キャリア開発活動について考え，その計画を立てることもできます。将来の仕事について考えがあるなら，それが自分に適したもの

かどうか，自分のキャリア・アンカーに合っているかが，より明確に理解できたはずです。

　あなた自身のキャリアの開発は，あなたの自分自身を知る能力と，現在（および将来）の仕事で要求されていること，あなたが選択できるキャリア，あなたが生きていくさまざまな人生のパターンなどを読み解く能力にかかっています。キャリア人生を歩むうちには大きな変化もあるでしょう。しかし，あなたのキャリア・アンカー（すなわち，あなたが最も価値を置きどうしてもあきらめたくないもの）が，どのようにして，仕事や家庭においてあなたが結びついている役割ネットワークにおける可能性や制約とマッチするかを，常に心にとめておくことがとても重要です。

　『セルフ・アセスメント』，キャリア・ヒストリー，役割マップ，そして，仕事キャリアと家族／生活の優先順位グリッドを，定期的に見直し，作成しなおすことで，自分自身をふりかえることができ，より良いキャリアそして人生の意思決定ができるはずです。

未来のことを考える

　このセクションでは，職場や社会，そして地球上の至るところで起こっているいくつかの変化について考えていただきたいと思います。こうした変化のなかには，確実に発生し，影響力が大きく，私たちのキャリア展望に変化をもたらしそうなものもあれば，それほど変化をもたらすとは思えないものもあります。変動性や不確実性，複雑性をますます強めていく世界にあって，このような問題を整理し，的確なタイミングで正確に予見するなどということは，およそ不可能なことです。とはいえ，現時点で明らかにできるいくつかの考え方や変化の潮流について考え，常に不確実性を伴う明日に備える1つの方法とすることは，大きな価値があると言えるはずです。

■ グローバリゼーションとリストラクチャリング

　多くの組織が組織構造と競争戦略の見直しを続けてきた結果，さまざまなリストラクチャリングが試みられてきました。実際のところ現在は，公的組織，民間組織，非政府機関を問わず，組織の大半とは言わないまでもその多くが，持続的なリストラチャリングを求められている時代であるように思われます。リストラクチャリングは科学というよりも一種のアートに近いものであるため，さまざまな形で行われ，さまざまな結果をもたらしています。ここ数十年ほどは，ダウンサイジング（あるいは，婉曲的に言うならば「規模適性化（ライトサイジング）」）に重点が置かれてきました。その主な根拠として，現在のグローバリゼーションは猛烈な勢いで進み，その勢いが衰えることはありそうもないので，そのような世界においては組織の競争力は主として厳格なコスト管理によって決まる，というものです。イノベーション，才能，研究開発，成長，収入，柔軟性，調整，そして，飽くことなき効率性の追求——はすべて重要ですが，これらのいずれも，コストが適切に管理

され，最小限に抑えられていること，が必要条件となっています。

　社会というレベルにおいても，自国の製品やサービスの市場が失われることを恐れた各国が，賃金水準を引き下げるために労働市場のリストラクチャリングに乗り出したことによって，グローバリゼーションが猛威を振るっています。かつては法律によってフルタイムの雇用と十分な給与を保証され，人員削減の対象から外されてきた膨大な数の雇用が，いまではパートタイムで低賃金の職となり，雇用主は労働者を制約なしに解雇できるようになりました。アメリカの労働組合員数（および労働組合による保護）は現在，過去50年間で最低の水準にあります（Kochan, 2010）。これらすべてが波のように続く解雇や組織の再編成をもたらし，多くの雇用があっさりと消滅するとともに，より少ない人数で遂行できるように業務の再配分・再設計が進められてきました。

　また，今日ほとんどの産業において一般的なリストラクチャリングの手段となっているアウトソーシングについても考えてみましょう。アウトソーシングを引き起こしたとまでは言わないまでも，それを促進したのは，ITの飛躍的な進歩，自由貿易協定の推進，そして（もちろん国によって異なりますが）大半の国での経済政策における自由化や規制緩和の流れです。これにより，他国でのますます低賃金化する労働力への対応を迫られた先進国の国内労働市場への圧力は強まり，国内の雇用の減少につながりました。現在，このような動きは，低賃金労働や後方事務の仕事に限られたものではなく，チップ設計や医療診断，ソフトウェア開発などのいわゆる「ゴールドカラー」や，その他の多くの仕事もアウトソーシングの対象となっています。

　労働世界における，こうしたマクロ的な変化の結果，雇用市場は根本的な変化を遂げました。グローバリゼーションによって，活況を呈する黒字産業や黒字組織に所属する高度なスキルを備えたマネジャー・クラスや専門職の人々に支払われる報酬は，おそらく増えたことでしょう。しかし，これらの地位に到達するには時間がかかります。21世紀初頭の大不況がいまだ尾を引き，失業率が8パーセント前後の水準にある現在のアメリカでは，将来性と安定性の低下にもかかわらず，ますます高度な教育が求められる労働市場に，多くの人がうまく参入できずにいます（しかも教育費は上昇の一途をたどっています）。

　すなわち，アメリカでは近年，最高所得者と最低所得者の格差が著しく広がっています。しかも，最高所得者と最低所得者ともに賃金と求人数の両方が伸びていることを考えると，話はそれほど単純ではないことがわかります。「雇用市場の二極化」と呼ばれるこうしたパターンは少なくとも近い将来まで続き，就労者の大多数は，雇用数や賃金の上昇がさほど望めない中間層に

取り残されることになりそうです（Acemoglu & Autor, 2011 ; Autor, Katz, & Kearney, 2008）。

　高所得の専門職に仲間入りを果たすことは従来よりもはるかに難しくなり，少なくとも，高額な教育投資，長期に及ぶ求職活動，個人または血縁に基づく人脈の今まで以上の活用，エントリー・レベルのポジションに就くまでの今まで以上の長期の年月，そしておそらくあるキャリア領域において一定の地位を確立するために無給のインターンシップへの参加を求められることになるでしょう。アメリカの労働力における最近の世代がどのようにキャリアを歩んでいくかについては，引き続き見守っていくほかありません。上昇志向に取りつかれたアメリカの親たちは今でも，自分たちの子供は親より多くの機会を得ているのだからよりよい暮らしができるはずだと信じていますが，それが当たり前だったのは1980年代までで，今日ではもはや当たり前とは言えなくなってきています。

　このような潮流が，キャリア・アンカーの概念にとって何を意味するかは定かではありません。経営管理能力にキャリア・アンカーをもつ人たちにとっては，スタートの遅れや昇進の遅れが，マネジメントのスキルを見出し実践する機会の減少につながり，不利になることもあるでしょう。同時に，今後のフラット化した，機動力に富むリーンな組織においては，すべての階層レベルで一流のリーダーシップが求められることになります。従来は「経営幹部の責任」とされていた重要な意思決定の責任は，従来よりも低い階層レベルで行われるようになり，組織のあらゆる階層レベルで執行されることになります。高度な専門性をもつ専門・職能別能力をキャリア・アンカーとするマネジャーが，高度な要求に快適さを感じるのと同様に，純粋な挑戦のキャリア・アンカーをもつ人たちはこのような組織に居心地の良さを感じるでしょうし。しかし，この状況は，時期により，また，企業ごと，プロジェクトごとに変わってくるものと思われます。奉仕・社会貢献のキャリア・アンカーをもつ人たちは——おそらくひとたび地位を確立すれば——新しい価値に根差した製品・サービスを提供する組織のなかに，キャリア機会を見出せるかもしれません。一方，生活様式のキャリア・アンカーをもつ人たちと，おそらく，保障・安定のキャリア・アンカーをもつ人たちは，絶えずリストラクチャリングを続ける——コスト意識の高い——組織にあっては，望み通りの働き方ができる可能性は低いでしょう。

■ ITと専門性

　グローバリゼーションと新しい技術により，組織間，仕事間，役割間の境

界はかつてよりも緩やかになっています。組織レベルで観察すると，多くの産業において，サプライヤー，メーカー，顧客の境界が緩やかになりつつあります。先端のITツールを活用することで，顧客は企業の販売部門に直接アクセスし，自分たちがどのような種類の製品ないしサービスを求めているかを詳細に指定するとともに，価格や納入日に関する情報を販売者のコンピューターから得ることができます。このようなシステムが，今日では至るところで利用できるのです。結果として，購買代理店や販売代理店，販売員などの職種の役割は大きく変化し，そうした変化が組織全体に連鎖反応をもたらし，注文処理やマーケティング，さらには設計・製造の分野に至るまでの，組織内の他の役割の再定義を必要とさせています。

同時に，経営管理から複雑な製造工程に至るあらゆる業務のコンピューター化・自動化により，秘書や生産労働者などの一部の職種においては，手作業が少なくなり，発想力を要する業務が増えています。またコンピューターの出現によって，かつては秘書が業務報告を行ってきた上司の業務そのものがルーチン化したため，もともとルーチン的であった秘書業務の多くが時代遅れなものになってしまいました。アポイント設定といった聖域ともいえる業務さえ，管理職がスマートフォンなどさまざまな携帯式の多機能装置を用いて自らこなすようになってしまったのです。現在も職に就いている秘書は，消耗品や備品の購入，会議の設定，SAP/ERPなどの高度なシステムを用いた会計処理など，比較的スキルを要するオフィス管理業務を担っています。

次に，自動化された精製所，原子力発電所，自動車工場，製紙工場などで働いている，工場の経営に関して管理職と同等（またはそれ以上）の知識をもつ，訓練され，経験のある熟練オペレーターについて考えてみましょう。このような状況は，新たな権力関係を生みだします。部下が知らないことを知っているがゆえに管理職がもっていた権力が失われると，管理職の役割は曖昧なものになってしまいます。このような立場に置かれた管理職は，自身の権限と自身が名目上は監督すべきことになっている人々との関係がさまざまな面で変わったことを認識することが重要です。高度な専門技術をもつ労働者は，組織のなかで従来よりもはるかに中心的な役割を占めるようになっているのです。そして現在（そして，当分の間），少なくともアメリカではこれらの労働者に対する需要が供給を上回っているため，高度な技術をもつ労働者の権力と影響力は増しています。

組織レベルにおいては，あらゆる分野での技術の急成長により，入手可能な製品・サービスの増加と相まって，それらの製品・サービスに関する情報がより広範に行きわたるようになっています。競争の激化に伴い，消費者の要求が強まってきたため，組織はこれに応じて，消費者の求めるものをより

速く，より豊富な種類で，地球上のより多くの場所に届けなければなりません。結果として，組織はさらに複雑化・差異化が進み，さまざまな分野のスペシャリストがより多く求められ，彼らの力を何とかして結びつけることが必要になってくるでしょう。これらのスペシャリストの多くが，お互いに会話をすることにモチベーションをもっていない，あるいはそれが苦手かもしれないことを考えると，彼らの力を統合するために，新たな問題が生じることになります。

　企業の研究開発部門や製造部門で働く高度な専門性を備えた設計エンジニアや材料工学者，企業の投資ポートフォリオ・マネジメントを専門とする金融アナリスト，積極的差別是正法の最新の解釈に携わっている人事スペシャリストとの間には，多くの場合，ほとんど共通点はありません。とはいえ，彼らを含む多くのスペシャリストが組織全体に大きく貢献しているという事実には変わりなく，彼らが組織にもたらす価値が減少したり失われたりすることのないように，彼らの努力をマネジメントすることが求められています。

　このような変化は，専門・職能別能力をキャリア・アンカーにもつ人たちにますます多くのチャンスをもたらす一方で，経営管理能力にキャリア・アンカーをもつ人たちにとっては，監督的役割の縮小と統合的役割の拡大をもたらすものとなりそうです。また，職業の今後の見通しにおけるこのような変化により，技術分野におけるパートタイム，請負契約，プロジェクト単位の仕事の増加が見込まれるため，自律・独立および純粋な挑戦のキャリア・アンカーをもつ人たちにも好ましい影響をもたらすことでしょう。起業家的創造性のキャリア・アンカーをもつ人たちの場合は，ソフトウェア開発やバイオテクノロジー，サステナビリティなどの分野における専門技術を活用あるいは提供するベンチャーの起業を有利に進めることができるでしょう。奉仕・社会貢献，保障・安定，生活様式のキャリア・アンカーをもつ人たちにもたらされる影響はそれほど明確ではありません。しかし，人的資本とキャリア機会とのつながりが強固になることにより，すべてのキャリアにおいて，従来よりもスキルと知識が要求されるようになるはずです。雇用市場では今後もますます，最も高度なスキルや資格をもつ労働者への報酬が増え続けることが見込まれますが，その一方で，そのために必要とされる時間や事前教育のコストは多くの人たち，特に経済資源の限られた大半の人たちを，ますます不利な状況に陥れることになるでしょう。

■サポートとサービスの機能

　仕事——および生活全般——が技術的に複雑さを増すにつれ，より多く

のサポート・サービスが求められるようになってきます。職場ではオペレーション的役割を担う人々が減り，知識ベースのサービスやオペレーション・サポートの分野でより多くの人々が必要になるでしょう。これは組織にとって，奇妙なジレンマを生むことにつながります。たとえば，作業工程の自動化・コンピューター化への投資によって見込まれる労働コストの節約が幻想に終わる可能性があります。というのも，その種のコスト削減の努力は往々にして，労働力の再分配に終わるからです。必要なオペレーターの数は減るかもしれませんが，必要なサポート・サービスは増えてしまう。結局のところ，オペレーションに関わる全体的なコストはさほど変わらない，という結果に終わるわけです。ただし，仕事の内容は大きく変わるため，組織内のグループ間の関係も変化します。業務を適切に遂行するうえでオペレーターの直接的な責任が増大する一方で，システムを稼働させるために——オフィスのコンピューター，課金システム，通信機器，工場設備が「ダウンする」のを防ぐために——プログラマーやシステムエンジニア，保守エンジニアは，それ以上の最終責任を負うようになります。管理職にはより多くの調整やリエゾン（異なる集団のつなぎ役）としての機能が求められるようになり，監視やコントロールという機能は縮小することになります。また，サービス担当者は，ヘルプとアドバイス，あるいは，トラブルシューティングのネットワークにおいて，従来よりもはるかに中心的存在とみなされるようになるでしょう。

　さらに大きな視点から見ると，私たちが生きている今日の経済においてはサービス部門が圧倒的優位を占めており，そこにはほとんど，あるいはいっさいの陰りが見えません。そのなかでも最も顕著なのが，健康サービスの成長と，健康志向の高まる（高齢化）社会において拡大し続けるニーズと需要でしょう。アメリカにおける公共サービスの求人は最近の経済停滞に伴い縮小していますが，今後の回復は必至で，教育，公衆安全および公安，ヘルスケア，防衛，天然資源の維持管理，職業訓練などの分野で成長が見込まれています。また非営利組織，いわゆる「第３セクター」の成長も，その数と影響力とともに継続することが見込まれています。このような組織は，世界自然保護基金や「セーブ・ザ・チルドレン」といった国際組織から，省エネ対策や貧困介入プログラムなどの地方・地域的活動までのさまざまな分野にわたっています。

　営利組織内においても，サステナビリティ対策やコミュニティ・アウトリーチ（地域社会での福祉活動）その他の社会的責任プログラムは活発になるかもしれません。いわゆる「トリプルボトムライン」——人，地球，利益——への関心は組織間の対話を活発化させ，現時点では議論の余地があるかもし

れませんが，組織の業績と成功を測定するうえでの価値観の幅広いスペクトラムが地平線の先に見えてきたことを示唆しています（Savitz & Weber, 2006）。

　これらはいずれも，奉仕のアンカーをもつ人たちに，従来よりも広範なキャリア選択の可能性が開けていることを示唆しています。社会的な目的に結びついた生活様式のアンカーをもつ人たちも恩恵を受けることが見込まれていますが，実際には，公立学校での教育や管理運営，病院での看護など，「ファミリー・フレンドリー」とされる一部のサービス職には長時間の不規則労働や厳格なスケジュールが求められ，パートタイムで働ける機会は限られています（生活様式のキャリア・アンカーをもつ人たちにとっては，いずれもきわめて重要な問題です）。経営管理能力，専門・職能別能力をキャリア・アンカーにもつ人たちは，サービスおよびサポート分野において需要が多く，このような状況は当分の間続くでしょう。また，保障・安定のキャリア・アンカーをもつ人たちは，他の雇用市場に比べて不安定要素が少なく安定性が高いことから，サポートおよびサービス分野でニーズが増えることは間違いないでしょう。そして，先ほど述べたように，充足されていない社会的ニーズに対処するために設立されるという意味合いにおいて，（営利・非営利を問わず），社会的起業も増えていくでしょう。

■不確実性，不安感，チームワーク

　発想力を求められる仕事が増え，仕事や役割の境界が緩やかになるにつれて，不安感が高まっていくことが考えられます。人間は一定レベルの予見性と安定性に頼るものです。私たちは創造性や刺激への欲求をもっていますが，そうした動機が機能できるのは安全性と安定性，そして予見性が根底にあってこそ，という事実は忘れられがちです。組織が競争圧力の増大に直面し，仕事はより発想力を必要とするものになり，あらゆる仕事の責任レベルが高まるにつれ，組織のあらゆる階層において，ストレスと不安感のレベルもまた高まることになります。従来は，公式化や官僚制がこのような不安感に対する防衛策でしたが，公式化や官僚制は次第に忌み嫌われる言葉となり，イノベーションを抑圧するものとして，改革が必要なものとみなされるようになっています。皮肉なことに，今日の情報と知識の時代になされるべき仕事には，より多くの柔軟性と創意工夫が求められ，それゆえ，不安感は今まで以上に避けられないものとなっているのです。

　管理職の役割としては，不安感の抑制と克服がしだいに重要になってくるでしょう。しかし，どのような個人またはグループのメカニズムによってそ

うした状況が発生するかは，いまだ明らかになっていません。人は不安になると，同じ不安を分かち合える他者と一緒にいたくなります。その意味において，組織内のグループがもつ最も重要な機能の1つに，共有された不安感をマネジメントすることが挙げられます。平等主義的なグループやチームが組織内の基本的単位として重視されつつあるのは，仕事の複雑化だけでなく，仕事への参加に伴う不安感の増大の結果ともいえるでしょう。

　同時に，ＩＴの発達は，このようなグループの各メンバーを物理的に別々の場所に置くことを可能にします。これによって，グループやチームが組織において果たしていた不安感の削減という役割が機能しなくなり，仕事に伴う不安感が増大する場合もあります。1つ確実に言えることは，組織におけるバーチャル・チームの活用の増加によって，そうしたグループのメンバーがともに快適かつ生産的に働けるよう，グループ内の信頼関係を形成・発展させる必要性が高まっているということです。これは，公式・非公式に顔を合わせて集まる機会がはるかに多かった従来型オフィスでの仕事環境においてさえ，管理職にとって困難であった仕事です。

　社会技術システムという概念は数十年をかけて普及してきましたが，今後を予測すると，かつてないほど重要な概念となりそうです。バーチャル・チームのマネジメントの難しさからもわかるように，ある仕事の技術的要素を社会的要素から切り離すことは不可能です。情報の共有，重要な相互依存性に関する知識，社会的および情緒的サポートの提供，効果的なコミュニケーション・スキルの育成，共通目標に向けた広範なコミットメントは，技術システムの円滑な機能と，これに関わるエンジニア，デザイナー，オペレーターの才能の活用を可能にします。そして，技術的な仕事が複雑化・洗練化されるにつれ，チームワークはますます必要となり，それに伴い社会技術システムの理解も重要性を増してきます。

　チームのマネジメントに関しては，（子供時代，学校，職場での）さまざまな社会化の経験を通じて女性が培った人間関係のスキルが有利に働くという指摘もあります。一般的に，人間関係スキルとは，他者の話にすすんで耳を傾ける意思をもつこと，(他の人にとって)親しみやすいこと，明確なコミュニケーションがとれること，共感と忍耐強さを示せること，などのことをいいます。ただしこれらに関するデータは，結論を示すものというよりも，推論的・印象的なものという段階にあります。また，ある分野のチームプレイヤーとチームリーダーのそれぞれにとって，どのような人間関係スキルが特に有効なのかも明らかにはされてはいません。それ以上に重要なのは，今日までの研究では，女性にも男性と同様の8種類のキャリア・アンカーがあり，それゆえに男性と同じ種類の才能，動機，価値観をもつというデータが示さ

れていることです。キャリア・アンカーの分布は時間と場所により異なります。一部のキャリアは，依然として文化的に「男性的」ないし「女性的」と分類されていますが，両者の厳格な区別はすでに崩れてきています。これは，アメリカにおける認識の変化と30年に及ぶ機会均等および性差別禁止の法制化の結果です。

　私たちにとって明らかなのは，専門職や総合職における大卒女性の雇用が増え続け，女性のキャリア機会が従来よりも増えていることです。こうした仕事分野に参入する女性にとっては，自身のスキルや関心にかかわらず，それぞれの仕事においてますます多くのチームワークが不可欠となってくるでしょう。

　組織におけるチームワークの重要性とこれを重視する傾向がもつ1つの意味として，あらゆる種類のグループを効果的にマネジメントする能力が――明確な定義が難しいスキルですが――本人のキャリア・アンカーにかかわらず，すべての管理職に求められるようになることが挙げられます。これは，専門・職能別能力や純粋な挑戦というキャリア・アンカーにもつ人たちにとっては，やや難しいことかもしれません。なぜなら，これらの人たちは，多様な経歴やスキル，関心（あるいはそのようなスキルを獲得したいという願望）をもつメンバーから成るチームを効果的に率いていくために必要とされる，共感性や理解力というものをもってないかもしれないからです。そして，チームが多様性に富めば富むほど，このようなマネジメントは難しくなっていきます。社会的能力あるいは情緒的能力を日々繰り返し試されるゼネラル・マネジャーにとって，今後はあらゆる規模や種類のグループをマネジメントする能力こそが，その有能さを示すものとなってくるでしょう。

　一方，生活様式，奉仕・社会貢献，保障・安定にキャリア・アンカーをもつ人の場合，チーム・マネジメントの能力をうまく発揮できるかどうかは，その仕事に求められる具体的な要件ではなく，その仕事に関わる全体的な組織的文脈が自分のキャリア・アンカーに合っているかどうかにかかってきます。起業家的創造性のキャリア・アンカーをもつ人たちは，エネルギーや興奮・目標を共有できる，同じような考えをもつ少数の仲間に囲まれている創業期を除き，グループやチームのマネジメントはあまり行わないと言われています。自律・独立のキャリア・アンカーをもつ人たちは，グループを効果的にマネジメントするスキルが優れていることが，多くのプロジェクト・マネジャーによって証明されています。しかし，多様性が高く，場合によっては遠く離れたメンバーから成るチームのマネジメントには，時間と移動が必要になるほか，不可避かつ他の人に任せられないミーティングへ出席など，自律・独立のキャリア・アンカーをもつ人たちが求める独立性との間に衝突

が生じることがあります。

■新しい組織形態

　リストラクチャリングのプロセスのなかで、組織は(1)階層構造、特に中間層の再点検と縮小をし、(2)よりフラットな組織に移行し、(3)序列よりも調整機能に依存するようになり、(4)従業員をさまざまな形で「エンパワー」し、(5)引き受ける（または放棄する）プロジェクトや雇い入れる人々に関して、より柔軟性をもつようになっています（繁忙期には増強し、閑散期には削減します）。フラットで柔軟性に富む、ネットワーク型でプロジェクト・ベースという未来型の組織では、権力と権限は（一部の人に固定されず）、異なるプロジェクト・リーダーが必要性や場面に応じてもつようになり、個々のプロジェクト・メンバーは、多くのプロジェクトにまたがり自身の活動を異なるリーダーとの間で調整しなければならなくなります。オペレーション上の権限は1人のプロジェクト・リーダーから別のプロジェクト・リーダーへと迅速に移り、個々の従業員は、マトリックス型の組織のなかで、複数の（権限が不確実で曖昧な）上司をもっていることに気がつくでしょう。また、知識と情報がさらに広く行きわたるようになると、従業員は上司の知らないことをますます知るようになり、事実上、従業員がエンパワーをもつことになります。

　しかし、階層性は人間システムに本質的に備わっているものです。階層がもつ最も有用な機能の1つは、コンフリクトの解決です。ある1つの階層で争いが生じたときに、別の階層でそれを収めることができるのです。そのため、私たちが目撃するであろう変化は、おそらくは命令系統の一部が再び重視されたり軽視されたりする程度で、階層構造そのものがなくなることはないでしょう。特に、権力の強いプロジェクト・グループ、部、課、その他の組織単位においては、グループ間や組織間で発生する政治的な権力闘争を回避するために、今後も効果的なリーダーシップと階層構造が必要とされるでしょう。たとえば公務員の等級制度や、法律事務所におけるパートナーシップ、大学における専門職階層などの、広い意味での階層は、今後も広い意味でのキャリア上の前進という機能を発揮し続けるでしょうが、ある業務、プロジェクト、またはある分野において誰が組織のなかで高いステータスを得るか、誰がオペレーション上の権限をもつかということに関しては、階層がその指針であり続けるとは言えないかもしれません。誰かに対する尊敬やその人物がもつ影響力は、その人物の正式な階級ではなく、評判やその人の業績によるところが大きく、階層は今後、組織における主たる原則というより

も，必要な付加物とみなされるようになるでしょう。

　権力と権限は，その人が何を知りどのようなスキルをもっているかによって生じます。とはいえ，概念的な知識は目に見えないものなので，誰が何を知っているのか，誰がなぜ尊敬されるのか，に関しては誤解や対立が増えることが考えられ，あらゆるレベルにおいて権限や影響力の行使が大きな問題になってくるでしょう。このことは，組織における不安感の増大につながるだけでなく，交渉やコンフリクト・マネジメント，連帯形成といった社会的スキルの重視につながり，組織の境界を越えた信頼関係の構築の重要性を高めます。直接顔を合わせるかどうかにかかわらず，どのようにしてこのような関係性を構築するかは，今後の主要な課題の1つとなるでしょう（Schein, 2009, 2010）。

　組織の階層の数が削減され，フラット化し，柔軟性を重視する組織では，キャリアはプロティアンなものとなるでしょう。成功したマネジャーの伝統的な定義は，出世の階段を一番上まで最短期間で昇りつめた，およそ45歳から55歳の人物，というものであり，これは，20代で子供をもうけ，キャリアの全期間を通じて1つの職と組織にとどまり，65歳で引退する（そして71歳で生涯を閉じる）という20世紀半ばの男性像に一致します。こうした定義は，構造的あるいはそれとは無関係な数々の理由により，今日ではほとんど意味をもっていません。現在20代の人たちの平均寿命は80歳前後であり，健康であれば75歳以上まで働くことができます。そして生活費の上昇と年金額の縮小，社会的セーフティーネットの解体を考えれば，生涯働くことが必須になるかもしれません。

　現在では子供をもつ年齢も遅くなり，場合によっては子供をもたないこともあります。私たちの多くは生活していくうえで，1カ所ではなく2カ所からの収入を当てにしています。就職する年齢も遅くなり，（複数のキャリアとは言わなくても）仕事人生を通じて複数の職をもつようになっています。組織に対する忠誠心や長期勤続に対する報酬は期待できないばかりか，多くの組織が導入している業績ベースのインセンティブ制度に反する行為とみなされてしまいます。キャリアとは——このワークブックで繰り返し指摘しているように——企業の出世の階段をまっすぐに昇る（あるいは降りる）ものではなく，むしろ上昇と水平移動，一時的な離脱，計画的または計画的でない降下の組み合わせ，と考えたほうがよいでしょう。ベンコとワインズバーク（Benko & Weisberg, 2007）が提唱する「格子状のキャリア」が今日では以前よりも一般的なものとなり，今後はますます広がっていくものと考えられます。

　このような傾向が，いくつかのキャリア・アンカーに対して意味すること

は明白です。組織の内部に確立された，組織のトップに通じるルートは少なくなり，ある組織に固有のスキルや知識の価値は減少していきます。経営管理能力にキャリア・アンカーをもつ人たちはしだいに組織を越え，おそらくは業界を越えて移動し，階級よりも責任や職務範囲の拡大を求めるようになるでしょう。専門・職能別能力をキャリア・アンカーにもつ人たちは，より若く，より優秀で，往々にしてより安価なライバルに追い抜かれ，取って代わられることのないよう，自分の専門領域における発展についていかなければならないでしょう。自律・独立，純粋な挑戦のキャリア・アンカーをもつ人たちは，彼らがもつ柔軟性に関する受容性が有利に働きますから，新しい秩序を歓迎するかもしれません。

　スタートアップ企業の特徴ともいうべき緩やかな組織構造を考えると，起業家的創造性のキャリア・アンカーをもつ人たちも，柔軟性が重視される傾向を歓迎するかもしれません。保障・安定，奉仕・社会貢献，生活様式のキャリア・アンカーをもつ人たちには，変動性，予測不可能性，脆弱性の高いキャリアにはあまり適さないかもしれません。なぜなら，雇用の保障が過去のものとなり，人々が現在のパフォーマンスのみによって判断される世界，引き受けるべきプロジェクトが（今日来て，明日去っていくような）一時的な関係しかないリーダーの気分によって決まる世界，苦労して獲得したスキルが一夜にして時代遅れになってしまう世界，柔軟性といっても，組織やクライアントの都合のみが重視され，従業員の個人的ニーズに関わりなく，年中無休の努力が求められるような世界とは，保障・安定，奉仕・社会貢献，生活様式のキャリア・アンカーをもつ人たちは折り合いをつけることが難しいでしょう。

■相互依存性と協力

　ますます複雑化する製品やサービスを長期にわたり効果的に生み出すためには，組織内の多くの部門（および各専門領域）の仕事を連携・調整することが必要です。すべての部門はなんらかの形で，他の部門の仕事に依存しており，そのような相互依存は失敗しうるものです。たとえば財務部門が企業のキャッシュ・サプライを適切にマネジメントしなければ，新製品の開発や生産設備の増強への投資機会が少なくなってしまいます。コスト削減のために品質の一部の要素を犠牲にした技術設計は，顧客の不満，企業の評判の低下を招き，その後，その企業は資本増強のための融資を受けられなくなるかもしれません。このような意味において，エンジニアリング部門と財務部門は，いずれも高度に専門化され，互いに直接的な相互作用をすることはないにせよ，強い相互依存の関係にあります。

このような相互依存性は一般に，同時発生的というより連続的なものであることが一般的です。研究開発（R＆D）部門が製品コンセプトや試作品を提供しなければ，エンジニアリング部門は製品やサービスを設計することができません。同様に，エンジニアリング部門が組み立て不可能な設計を提案してきたら，製造部門はその製品を組み立てることができません。販売する製品やサービスの出来映えがお粗末であれば，販売部門やマーケティング部門は本来の役割を果たすことはできません。また，マーケティング部門が今後の消費者ニーズや可能性について明確なイメージを示してくれなければ，研究開発部門は有益な仕事ができません。そして，製造部門での生産プロセスにおけるイノベーションは，どのような製品が製造可能かという点から，マーケティング部門とエンジニアリング部門の双方に影響を与えます。

　そして，いわゆるリードカスタマーあるいはリードユーザー（他者に先駆けて新製品を購入する消費者・ユーザー）は，製品やサービスをどのように改善すればよいかというアイディアを製造者たる組織にフィードバックすることによって，イノベーションに強く影響を及ぼすこと，あるいは及ぼすべきことが知られています（Von Hipple, 2005）。産業の「時計の速度」は，それぞれの（高度に相互依存的な）開発・生産・販売のサイクルにより異なっていますが，競争優位性は通常，その産業内で最も速い時計をもつ組織が手にすることになります（Fain, 1998）。

　しかし，将来に目を向けると，相互依存性は，より一般的になる一方で，より困難になりつつあります。複雑な手術などの業務では，異なる職業や文化に属する複数のスペシャリスト間の協力を円滑に進めることが求められます。このような相互依存性は，従来から組織内および組織間に常に存在していたものですが，専門化が進むにつれて，最終製品またはサービスがより複雑化し，そのなかの一部の機能不全に対してより脆弱になっているため，相互依存性は強まっています。これが最も顕著に表れているのが，コンピューター製品またはコンピューター・サービスです。まず，ハードウェアとソフトウェアを適切に設計しなければならず，次にきわめて重要なこととして，顧客が購入したコンピューター製品またはサービスを実際に使えるように（そして使い続けられるように）するために，サポートラインおよび顧客対応の担当者を含め，さまざまなスペシャリストがこれを実現していかなければならないのです。

　組織の各部門・各専門領域は，それぞれサブカルチャー（部門外・領域外の人には分からない専門用語や隠語，共同作業のあり方，経験則，特定の世界観，問題分析の方法，評価基準など）を形成します。このようなサブカルチャーは往々にして，ゼネラル・マネジャーに率いられた組織よりも，自身

の技術コミュニティに対して敏感になる傾向があります。組織全体の一部としてのこれらのサブカルチャーは相互依存の関係にあり，共同で仕事をしなければなりませんが，サブカルチャー間で延々と続く競争や対抗意識が分裂や崩壊をもたらす可能性がいっそう大きくなっています。サブカルチャーというセグメントを越えたチームワークや協力関係・協働関係は，組織をまとめる一種の社会的接着剤を提供するものとして，その必要性が今まで以上に強く主張されています。しかし，これは自己決定と（個人間または集団同士の）競争関係を善とみなすアメリカにおいては，外部市場の理念に反する考え方でもあります。

　しかし，この明白な文化的矛盾に対し，たとえ組織間関係は競争的であり続けるとしても，組織内における協力とチームワークは，必要な適応措置であることは認識されつつあります。実際のところ，近年の多くの研究が，組織が業績において成功を収めるうえで，チーム単位での学習，知識の移転，関係的調整（部門間の円滑な協力関係の推進）がいかに重要であるかを示しています（Edmundson, 2012 ; Gittell, 2009）。

　協力をどのように実現するかは，政治的ないしトップダウン的な戦略や命令というより，実際に仕事を行う人々が経験した実践上かつオペレーション上の必要性によるところが大きいようです。企業単位または集権的な計画によって協力が促進されることは稀であり，むしろ分権化や，さまざまな部門間の協力に役立つような情報を提供することによって，協力は促進されます。マロン（Malone, 2004）の唱える「仕事の未来」が表しているのも，まさにこのような特徴です。しかし，自己管理を通じて調整を起こすためには，情報が広く利用共有されるだけでなく，関係者全員がより広いシステムにおける自身の役割を理解していることが必須となります。なぜなら，サブカルチャーが異なれば，同じ情報でもさまざまな形や意味に解釈することが可能だからです。文化的に異なるさまざまなグループが相互依存し合うなかで協力を実現させるためには，そのような情報の参照に関する共通の枠組みが確立されなければなりません。また，そのためには，組織のメンバーが現在よりはるかに多く，文化の境界を越えた活動や，グループ，チームでの活動に参加することが求められます（Schein, 2009, 2010）。

　相互依存性や協力へと向かうこうした動きは，熾烈な競争のなかで自身のキャリアを発展させてきた管理職や，協力関係や異文化理解を支援するように自身の組織プロセスを再設計するための意欲も対人関係能力も持ち合わせていない管理職にとっては，ジレンマをもたらします。今日，多くの管理職がリップサービス的に「チームワーク」を口にしますが，彼らの日々の行動からははっきりと，彼らがその概念を本当に理解しているわけではないこ

と，あるいは支持しているわけではないことが読み取れ，当然の結果として，「チーム」はまったくチームとして機能しないことがあります。この場合，残念ながら管理職と部下はどちらも，協力関係が生じるような条件を理解・創造できなかった自らの失敗を問題視することのないまま，悪いのはチームワークという概念であるという誤った結論を導き出す可能性があります。

　協力が成立するためには，異なる技術の専門家間で情報が水平的に流れるようにする必要があるため，企業のなかには，製品開発，販売，マーケティングの各部署を物理的に近いところに配置し，部門間での人々の直接的な接触を非公式な形で促しているところもあります。オープン・オフィスというデザインも，直接的な接触を可能にすることで知識移転を促すとともに，自分が所属している集団のみならず他の集団に対する理解も高めようとしている試みです。傾向として，エレクトロニクスやヘルスケアなどの複雑な産業においては，顧客，販売担当者，マーケティングのスペシャリストの全員が，おそらくはゼネラル・マネジャー以上にビジネスの専門的側面について理解しており，そのため，利益を生み続ける製品またはサービスを生み出すためには，設計担当者やエンジニアと直接関わり合うことが求められるようになりつつあります。タイプの異なるさまざまな部門・集団の水平構造（プロジェクト・チーム，タスクフォース，マトリックス型マネジメント，臨時的専門委員会，職能横断型グループ，非公式集団，スカンクワーク）は，複雑性と環境的不確実性が増すなか，より一般的になってきています。

　当然ながら，水平的構造が機能するためには，人々が自身の属する命令系統以外の人々と話したり仕事をしたりすることをためらわせたり，それに罰を与えるようなことをしないこと（これは，多くの組織環境においていまだに暗黙の了解とされていることが明らかです）が前提になります。しかし，大小を問わず組織における「サイロ思考」の打破を訴える，しだいに高まる内外からの強い主張を思えば，今後はさらにさまざまな形の水平的（橋渡し）構造が発達するだろうと思われます。

　相互依存性の高まりに対する適応は，おそらく専門・職能別能力をキャリア・アンカーにもつ人たちにとって，最も困難となるでしょう。専門性・職能別能力を重視する傾向の強い人たちは，ほぼ自明のこととして，自身と同様の訓練を受けておらず同様のスキルをもたない人たちを，能力が低く啓蒙が必要な人とみなし，サブカルチャー的な価値観や想定をもっています。『ディルバート』で有名なスコット・アダムズが，個人主義的で独立精神に富み頭脳明晰だが社会的には救いようのない人々としてパロディー化したエンジニアたちは，理想的なチームプレイヤーからは程遠い存在です。主として個人的な挑戦を志向する人々にとって，職場で協力関係を築くことは無理

な要求であり，競争における自身の優位性を低下させるものに映るかもしれません。そして，相互依存関係をうまくマネジメントするために求められる強力なチームワークは，個々人のペースやスケジュール，業務量が，個人というより集団の問題になってくることから，自律・独立のキャリア・アンカーをもつ人たちにも向いていないかもしれません。

　一方，生活様式，保障・安定のキャリア・アンカーをもつ人たちにとっては，人の上に立つことや自身の技術的才覚を駆使することは二の次であるため，多様な人々と情報を共有したり仕事で密接に関わったりすることは，容易であるかもしれません。組織の存続と繁栄のために共通の目的を追求すること，他者を支援すること（およびそのような交換関係が生み出す返報性），内容のいかんにかかわらず自身の役割を果たすことは，いずれも，不確実性の高い環境において多様性に富んだチームを導くうえでも，ときとして個人的で他の人には無関係な利害を避けるうえでも，彼らに適しているでしょう。成功した起業家は，起業家としての成功が1人では成しえないことを知っています。自分の弱点を理解し補ってくれる人物をもつことが不可欠なのです。ベンチャービジネスを成功させるためには，他者の意見に注意深く耳を傾けながらも，自身の見解も堂々と口にできる人たちで構成される異質的リーダーシップ・チームを構築することが不可欠となるでしょう。

　才能あるゼネラル・マネジャーは，はるかに前から相互依存の重要性に気づいているでしょうし，高度に分化した組織を統合することの難しさも十分に承知しています。このような課題は今後ますます大きくなっていくでしょうから，組織のさまざまな部署から集まった人々を効果的にまとめることのできる人物に対するニーズも高まってくるでしょう。

■仕事，自分，そして，家族

　かつてのアメリカには，共通の価値体系を語れる時代がありました。たとえば1963年，アーヴィング・ゴフマンは揶揄を交えて次のように語っています，「アメリカにおいてどんな場面でも臆せずにいられる唯一の存在は，若くて，既婚，就職している，プロテスタント，白人，都会に住み，北東部出身，異性愛者，父親，学卒，標準的な体重，平均以上の身長，血色がよく，近年もスポーツを怠らない，男性である」と。このような言葉は，正しい型にはまるかはまらないかの2種類しかない，標準化され偏見に満ちた社会を想起させます。想像上の時代として描かれた，この専門性または経営の世界を構成する「組織人」は，グレー・フランネルのスーツに身を包み，いかに退屈な業務を任されようと，巨大で整然として規則だらけの官僚組織的な企

業に，毎日朝9時から午後5時まで通います。こうした家畜のようなイメージの名残は今でもありますが，私たちのほとんどは，このような描写は歴史的に誤解を招くものであり，今日の基準からすると完全に時代遅れであるということ理解しています。かつての，画一的で順応主義的な文化による支配に対する懸念は，いまでは逆に，共通の文化と呼べるものが果たして存在するのか，という疑念に取って代わられました。

　このような転換が起こった理由は複雑です。しかし，人々が一般的に，組織への盲目的な忠誠心や，役職や地位・年齢・勤続の長さに基づく権威の受容といった伝統的概念を重視しなくなり，代わりに，組織の対極としての個人主義，個人の権利などを重視するようになりつつあることはたしかです。人々はしだいに，自身が遂行するように求められた業務が，自身にとって意味があるのかどうか，自分の才能を示す機会をもたらすのかどうか，を問うようになっているのです。また，人々はしだいに，個人の権利が守られることを要求するようになりつつあります。とりわけ自分が性別，性的嗜好，人種，年齢，宗教，民族などに関する偏見によって差別を受ける危険に直面した場合は特に，自分の権利を守ろうとします。さらに人々は，職場でも家庭でも，自分に直接影響することがらについては，なんらかの発言権・発言の場を求めるようになっています。過去40年から50年間に起こったこのような進歩は，社会のあらゆる部分で均等に進んだわけではなく，進んだり止まったりを繰り返し，多くの人々にとってあまりに遅すぎたという感はありますが，注目に値する変化といえるでしょう。

　私たちはまた，人生全体において，仕事やキャリアにあまり価値を置かなくなってきていること，そして人生における唯一の「成功」としての昇進や，その他の組織内における上昇移動そのものに価値を見出さなくなってきています。今日では，どうすれば仕事と家庭，自己開発のすべてにバランスのとれた人生が送れるかが，より多くの注目をされるようになっています。そして私たちの多くにとっての「成功」が，才能を存分に発揮すること，仕事で所属する組織だけでなく家族や地域社会，そして自分自身への貢献，といった言葉で定義されるようになりつつあることは間違いありません。

　仕事と家庭の両方において，伝統的な男女の役割分担はさほど重視されなくなりつつあります。性的役割をめぐる固定観念は崩れてきており，それによって男女ともにキャリア選択の幅が広がりつつあります。人々は経済成長の価値についても疑念を抱きつつあり，困難な時期においてさえ，環境の保全や保護に対する関心は高くなっています。テクノロジーが経済だけでなく環境や社会に及ぼす影響を評価することも，主要な社会活動になっています。しかしながら「発展」の意味は，すぐに分かります。社会における富の分配

の原因と結果をめぐる熾烈な議論を聞けば，すぐに分かるでしょう。

アメリカは，より分断され，断片化された国になりました。価値観の変化や対立が，社会のさまざまなセグメントに与えられる，またそれらのセグメントから与えられるインセンティブや報酬がますます多様化し統一性を失う状況をつくり出してきました。私たちはこれを，「世代間ギャップ」のなかに見出すことができます。組織においては，このようなギャップは，相対的に高い地位に就いている年配の管理職や「プロテスタント的労働倫理」を擁護する従業員と，若い従業員との間に対立を生んでいます。若い従業員たちは，専制的権威や抑圧的な人事施策や人事方針，意味を見出せないような仕事，さらに，長年にわたって確立された企業の目標や手段にさえ疑問をもっています。年配の労働者は若い世代のことを，野心に欠け，（献身を求め，個人的な関心や時間の放棄を求めるような）キャリアの追求に対して後ろ向きだとみなしています。かたや若い世代の労働者は，年配の労働者のことを，偏狭な成功の定義に捕らわれ，仕事と結婚したような，職場以外にたいした人生をもたない人々とみなしています。

これらの状況の一部は，先にも述べたように，労働市場における変化と，とりわけ若年層において高い失業率・不完全就業率が続いていることを反映したものです。条件の良い仕事を見つけることやそうした仕事に就き続けることは以前よりも難しくなり，また，そうした仕事に就けるかどうかは，今まで以上に，大学院などの高等教育が提供するような高度なスキルを習得しているかどうかで決まるようになっています。当然ながら親や成人した子供たちは将来に不安を抱き，たとえばミレニアル世代（訳注：1980年代から1990年代に生まれた世代）は，職業上の地位や収入に関してベビーブーマー世代（訳注：1946年から1959年生まれ）を超えることができるのか，それどころか同等の処遇を受けることができるのか，といった不安を抱えています。こうした問題の一部は，個人的なことでもあります。若者のなかには，週に60時間や70時間も働き，出張に追われ，自己宣伝を繰り返し，何度も引っ越し，厳格な管理を受け，キャリアに関する絶え間ない不安に苛まれるような状況には関わりたくないと考える人もいます。年配の人々の間にも伝統的な成功の倫理に疑問を抱く向きが出始めており，管理職が昇進や転勤を断る例が，以前よりも多く見られるようになりました。なかには家庭その他の仕事外の活動をするために「仕事をしながら引退」する例や，場合によっては将来性のあるキャリアを放棄して，地位や収入以外の基準に基づいて，より挑戦的でやりがいがあると思われる「セカンド・キャリア」を追い求める例もあります。

しかしながら，そのような「選択的離脱」がどの程度社会のなかで行われ

ているかについては，誇張がされやすいものです。「より多くの時間を家庭に捧げるために引退する」という会社の経営層や政治家のありふれた言葉は，私たちの大半の目には，何か別のことを取り繕っているかのように映ります。子育ての喜びのために権力や地位を自ら放棄する人間がいるでしょうか？「家庭の価値」に対して私たちがふだん口にする儀式的な誓いを思えば，このようなシニカルな見方は皮肉であると同時に，腹立たしくもあります。男性リーダーは今日でも，公や会社への奉仕のために私生活を犠牲にしたことで称賛される場面が多くあります。家庭を選ぶ人々は，信用されなくなるか，「プロフェッショナルでない」とみなされるかのいずれかとなります。

　フレックス制や産休，育休，在宅勤務またはその他の社外勤務，パートタイム労働としてのワーク・キャリア，といった政策の恩恵や可能性については，過去20年間にたくさん論じられてきました。それでも大部分の職場の要求は，労働者が「男性」であり，私的な義務から比較的解放されているとの考えに基づいています。大部分の男性は家庭の状況にかかわらずフルタイムで働いています。そして，子供をもたない，子供の数を控える，就労しない，就労時間を減らす，あるいは男性のように働いて，仕事と家庭との両立のために自分なりの解決策を考える，といった「困難な選択」は女性に託されています（その女性もフルタイムで働いている可能性があります）。男性は今日なお，家庭を犠牲にして仕事を選ぶ傾向にあり，女性は仕事を犠牲にして家庭を選ぶ傾向にあります。しかし，このようなギャップは縮小しつつあるようです。専門職および総合職としてのキャリア・トラックを歩む人々のなかに私たちが今日まで見てきたものは，有料の外部からの支援に支えられた少人数の家族と，仕事と生活の統合をめぐるさまざまなジレンマに対する山ほどの私的な解決策です。専門職や総合職という領域で働く女性が子育てのために労働市場から去る「選択的離脱革命」はかなりの話題となりましたが，いまだ現実としては起こっていません。実際には，これらの領域における大卒女性の雇用とフルタイム就労の件数は，幼い子供をもつ母親の間でさえ，現在も上昇し続けています（Percheski, 2008）。

　今日，家庭内の育児と家事に対して男性はやや積極的になった部分はあるものの，全般的にみて，仕事か家庭かという社会組織は過去30年から40年の間でほとんど変わっていません。結果として，共働き夫婦が当たり前のものとなった現在，仕事か家庭かという困難に直面するケースが増えています。働く女性の大半は，仕事と家庭生活という競合する要求にリアルタイムで拘束されており，往々にして，睡眠時間と余暇活動の時間を減らすことだけによって両方の役割をこなしています（Hochschild, 1997 ; Perlow, 2012）。就労をあきらめることによる機会費用と高賃金の仕事に伴う時間的要求がと

もに増大し続ける状況を考えると，今後もこうした問題がなくなることはなさそうです（Jacobs & Gerson, 2004）。金銭的な不利益のほかにも，休暇制度の利用やパートタイム勤務の選択，フレックス勤務制の利用などによってキャリア・トラックを一時的に離れることで発生するもう1つの典型的な代償があります。

その不利益とは，仕事への関与を一時的でも減らすことを選んだ人物は，フルタイムで働き続ける人に比べて組織に対する（あるいは職業に対する）コミットメントが低い，と職場の他の人々に見られることです――その汚名は，しばしばキャリアを破壊するとまではいかなくても，キャリアを傷つけることになります。そのよい例が，近年ボストン地域の病院を対象に実施された研究に表れています。外科研修医の勤務時間を週120時間から80時間に縮小するという方針変更に対し，研究対象となった3つの病院のうち2つにおいて，新方針の導入が将来のキャリアにもたらすと思われるダメージを主な理由として，対象となる男女のほとんどが激しい抵抗を示したのです（Kellogg, 2011）。オフィスで時間を過ごし，顔を合わせることがコミットメントの重要な印とされる組織にあっては，休暇制度やパートタイムへの移行，短時間勤務を利用せず，在宅勤務やその他の社外勤務を選んだ人にまで，同様の汚名が着せられる可能性があります。女性のなかには代償を支払ってこれらの制度を利用する人々もいますが，大半の男性はこれらを利用しません。

ここで述べておきたいのが，最も柔軟な就労形態とは，ケース・バイ・ケースの個別対応，つまり職場規範に照らした一度限りの（例外的）対応であるということです（Bailyn, 2011）。このように，職場のニーズを労働者の多様な（変化していく）ニーズに合わせていくという問題に，企業は取り組んでいません。スケジュール，時間，業務配分などに関して柔軟性のある制度を導入している企業がある一方で，これらのあまり大きくない変化（たとえば週4日の10時間勤務，柔軟な始業終業時刻，ローテーション・シフトなど）は，仕事の役割期待，業務配分の質，昇進の速度，および一時的に「トラックを離れる」ことがキャリア形成にもたらす意味，といった，キャリアに関するより大きな問題に取り組んでいないのです。

最も「ファミリー・フレンドリー」であると評判の企業でさえ，従業員支援策として記載されている方針は，保育サービス紹介，事業所内のドライクリーニングおよび銀行サービス，転居や旅行の費用補助，カジュアルな服で毎日出社できる服装基準，それに稀なケースとして事業所内保育サービスがある程度にすぎません。今日，大部分の組織が専門職や総合職の従業員に提供している柔軟な就労形態は，多くの場合，仕事と生活の統合をめぐり多くの人々が直面する困難を軽減するうえで，ほとんど何の役にも立っていなの

です。

　その一方で私たちが目にしてきたのは，徐々に進行しつつある家庭生活や私生活の商業化です（Hochschild, 2012 ; Turco, 2012）。たとえば，保育，老人介護，買い物や掃除・料理などの家事サービスを提供する有料のスペシャリストによるサービスが増えてきています。こうした分野の成長は，それまで自分で行ってきたこと，あるいは家族や友人に無償で手伝ってもらっていたことを，個人が自分の意思で第三者にお金を払って任せるようになったことの結果でもあります。仕事と生活に長時間を費やして疲労困憊になりながら，家族や友人からもさしたる支援を受けられずにいる人々にとって，このようなサービスは必須であり，今後も需要が続くことは疑いありません。

　このような，今後の仕事と家庭と生活をめぐる問題が8種類のキャリア・アンカーに対してもつ意味はさまざまです。生活様式にキャリア・アンカーをもつ人たちにとっては，仕事と家庭および個人的な関心事を結びつけることを容易にしてくれそうなことは，あまり起こらないでしょう。社会的なレベルでの価値観の変動や，職場の方針の大規模な構造変化は，可能性としては起こり得ますが，実際に起こっているという証拠はほとんどありません。起業家的創造性にキャリア・アンカーをもつ人たちは，おそらくほとんど影響を受けることはないでしょう。なぜならワーク・ライフ・バランスの実現は良いことかもしれませんが，彼らにとってそれは主要な関心事ではないからです。その一方で，これらの問題にもっと創造的に取り組む新たな組織形態をつくり出すという意味において，起業家はより多くの機会を見出すかもしれません。経営管理能力にキャリア・アンカーをもつ人たちは，同じようにキャリア志向で多忙な相手と（結婚などの）パートナーシップを結ぶことがこれまで以上に多くなることから，出世というものがより厄介な問題を伴うものだと思うようになるかもしれません。同時に2つのキャリアをマネジメントすることは，通常，1つのキャリアをマネジメントするよりも難しいことであり，経営管理能力にキャリア・アンカーをもつ人たちにとって，この不可避なトレードオフは，実現したいキャリアの軌跡上の動きを失速させるか，その他の形でその軌跡に影響を及ぼす可能性があります。

　保障・安定，奉仕・社会貢献にキャリア・アンカーをもつ人たちにとっては，社会における「成功」の定義がより広いものになって画一性が薄れ，仕事上のキャリアをひたすら追求するケースが減少すると見込まれることから，過去や現在に比べて問題は減っていくでしょう。純粋な挑戦，自律・独立にキャリア・アンカーをもつ人たちも，転職や離職に対する抵抗感がさほどなく，それゆえにキャリアを通じて仕事・自分・家庭のバランスを維持できると思われるので，将来的に有利になることが見込まれます。

あなたのキャリア開発の
ためのヒント

　本書において提供した広範な分析と予測は，皆さんが自身のキャリアの将来について，また皆さんのキャリア開発のために，どのような計画を立てればよいかについて，明確に考えるための手助けとするためのものです。予測できることもできないこともありますが，事態は刻々と変化していきます。何よりも大切なのは，仕事，家庭，個人のニーズという観点から，自分が何者であるか，について明確な概念をもつことです。

　本書で述べた分析の手助けとなるよう，キャリア開発の可能性を示すチェックリストとなる，動機，価値観，能力を広くカバーする質問項目を用意しました。自分自身の状況や家族状況に応じてさらに項目をつけ加えれば，今後の人生における優先順位や，そのために必要な適応・調整についても考えることができるでしょう。

■ 将来の職務要件を評価する

評価方法：以下の各項目について，あなた自身を評価してください。「１」は「私は，そのような動機，能力，価値観をもっていない」を表し，「４」は「私は，そのような動機，能力，価値観を，かなりの程度もっている」を表します。各項目につき２つの評価をしてください。まず，各項目に関して，自分の現在を表す番号を○で囲んでください。次に，現状と将来の見通しを考慮したうえで，あなたが自分でそうあるべきだと考える姿を表す番号に×印をつけてください。これはテストではなく，あなたの現在の強み・弱み，およびキャリア開発に関する欲求を明らかにするためのものなので，できるだけ，自分に正直に応えてください。

A. 動機と価値観

		低			高
1	職務をやり遂げたいという望みや，達成したいという欲求	1	2	3	4
2	自分の所属する組織と，組織のミッションへのコミットメント	1	2	3	4
3	良いキャリアを歩みたいという願望・志	1	2	3	4
4	自分のキャリア開発に力を入れている度合い	1	2	3	4
5	より大きな職責を担いたいという願望	1	2	3	4
6	リスクを取りたいという願望	1	2	3	4
7	苦渋の決断を迫られるような意思決定を担いたいという願望	1	2	3	4
8	他の人々と一緒に仕事をしたり，人を動かして仕事をしたいという願望	1	2	3	4
9	権力や権限を行使したいという願望	1	2	3	4
10	他の人々の活動を管理・監督したいという願望	1	2	3	4
11	他の人々に権限を委譲し，彼らが成功するようにサポートしたいという願望	1	2	3	4
12	職能や専門にとらわれず，ゼネラル・マネジャーとして活躍したいという願望	1	2	3	4
13	他の人々と競争するよりも，協力したいという願望	1	2	3	4

		低			高
14	学びたい（学習したい）という願望	1	2	3	4
15	たとえ失敗するかもしれなくても，リスクを取りたいという願望	1	2	3	4

B. 分析能力と技能

		低			高
16	複雑で曖昧な状況でも問題を特定できる能力	1	2	3	4
17	複雑な問題に関して必要な情報を即座に察知する能力	1	2	3	4
18	必要な情報を他の人々から手に入れる能力	1	2	3	4
19	自分自身で収集したわけではない情報の妥当性を評価する能力	1	2	3	4
20	経験からすぐに学習していける能力	1	2	3	4
21	自分自身の行為に間違いがあったときにそれを見つける能力	1	2	3	4
22	異なる種類の問題に対して異なる解決案を考え，実行できる能力，（その意味での）柔軟性	1	2	3	4
23	創造性，創意工夫の能力	1	2	3	4
24	さまざまな状況に対する幅広い視野・洞察力	1	2	3	4
25	自分自身（自分の強みと弱み）に関する洞察の度合い	1	2	3	4

C. 対人関係およびグループでのスキル

		低			高
26	同僚とオープンな関係・信頼関係を構築する能力	1	2	3	4
27	上司とオープンな関係・信頼関係を構築する能力	1	2	3	4
28	部下とオープンな関係・信頼関係を構築する能力	1	2	3	4
29	共感の姿勢をもって相手の話に耳を傾ける能力	1	2	3	4
30	自分の考えやアイディアを明確かつ説得力をもって伝えられる能力	1	2	3	4
31	自分の感情を明確に伝える能力	1	2	3	4
32	自分が直接の指揮命令権限をもっていない人々に対する影響力	1	2	3	4
33	同僚に対する影響力	1	2	3	4

34	上司に対する影響力	1	2	3	4
35	部下に対する影響力	1	2	3	4
36	複雑に絡み合った人間関係やグループの状況を診断する能力	1	2	3	4
37	自分自身で決定を下さなくても，適切な意思決定が確実になされていくようなプロセスを構築する能力	1	2	3	4
38	協力やチームワークのある風土を構築する能力	1	2	3	4
39	グループ間や職能部門間での調整を促進するためのプロセスを設計する能力	1	2	3	4
40	自分の部下が成長し，キャリア開発をしていけるような風土をつくり出す能力	1	2	3	4

D. 感情に関わる能力とスキル　　　　　低　　　高

41	他の人々の意見に頼ることなく，自分自身で決断をする能力	1	2	3	4
42	権限を独占せず他の人と共有できる能力	1	2	3	4
43	誤りに対して寛大であり，かつ，間違いを間違いと認める能力	1	2	3	4
44	曖昧さや不誠実性に耐える能力	1	2	3	4
45	よくない結果に終わるかもしれなくても，リスクを取って決めた道を歩んでいける能力	1	2	3	4
46	不安や困難が待ち構えていても，決めた道を歩んでいける能力	1	2	3	4
47	コンフリクト（意見や考え方の対立）がある状況でも，それを抑え込んだり回避したりするのではなく，それに目を向け，解決する能力	1	2	3	4
48	失敗してもあきらめずにやり続ける能力	1	2	3	4
49	役割曖昧性，役割過重，役割葛藤が存在する場合でも，自分の（複数の）ステークホルダーと向き合う能力	1	2	3	4
50	乱気流のように激しく変化し続ける環境に直面しても，きちんと仕事をやり通す能力	1	2	3	4

将来，あなたに起こる可能性があること，あなたの家族やあなた個人のキャリア開発のニーズに関する項目があれば，以下に書き出してみてください。

■ 次のステップ

　まず，現状についてのあなたの評価と将来のあるべき姿についてのあなたの考えとの乖離が最も大きい項目に注目してください。大きな乖離がある各項目に関して，あなた自身のキャリア開発プランを立ててみてください。あるいは，あなたの現在の能力のままでも十分に職務がこなせるように職務を再構築する方法を考えてみてください。

　職務を再構築しなければならないという結論に達した場合には，関係するステークホルダーとの再交渉という点から考え，自分の職務に対する新たな役割期待が，あなた自身およびステークホルダーにとって現実的なものになるように考えてください。

　あなたが計画したキャリア開発または職務再構築のための行動を以下にリストアップしてください。そして，折に触れて目を通し，参考にできるように，このリストを手元に置いておいてください。

項目番号：＿＿＿＿＿＿＿＿＿＿＿＿＿＿＿＿＿＿＿
キャリア開発プラン：

項目番号：＿＿＿＿＿＿＿＿＿＿＿＿＿＿＿＿＿＿＿
キャリア開発プラン：

項目番号：＿＿＿＿＿＿＿＿＿＿＿＿＿＿＿＿＿
キャリア開発プラン：

項目番号：＿＿＿＿＿＿＿＿＿＿＿＿＿＿＿＿＿
キャリア開発プラン：

項目番号：＿＿＿＿＿＿＿＿＿＿＿＿＿＿＿＿＿
キャリア開発プラン：

あなたが今作成したキャリア開発プランにおいて，あなたがこれから取り組むべき次のステップは一体どのようなものでしょうか？　具体的なステップを挙げて，それぞれに着手していく時期，それぞれにかける時間を記入してください。

ステップ1とそのタイムテーブル：

ステップ2とそのタイムテーブル：

ステップ３とそのタイムテーブル：

　　　ステップ４とそのタイムテーブル：

　最後になりますが，あなた自身の自己啓発がうまくいくかどうかは，あなたが自分自身を理解し，将来の仕事やキャリアで必要となる要件を解読する，あなたの能力にかかっています。あなたのキャリア・アンカーが何であり，あなたが価値を置くこと，あなたがどうしてもあきらめたくないことを，しっかりと考えてください。それらが，あなたの将来の仕事の可能性や制約にマッチしているかも，じっくり考えてください。

鼎談 日本語版刊行にあたって
―企業内キャリア開発とその政治的側面―

2014年7月6日
Process Consultation (USA)
法政大学を結び，スカイプによる鼎談

エドガー・H・シャイン MITスローン校名誉教授
木村琢磨 法政大学キャリアデザイン学部准教授
尾川丈一 Process Consultation Inc. (USA) CEO

◆尾川――今日は，社会化を主眼に置いた *Career Anchors* 第4版（邦訳『キャリア・マネジメント：パーティシパント・ワークブック』）について，シャイン先生，木村先生，そして私，尾川の3人で話しあって参りたいと思います。

そこで，まず，組織のマネジメントとキャリア開発が専攻の木村先生からご報告いただき，それに対しシャイン先生からコメントをいただいて，本書の「日本語版刊行にあたって」に代えたいと思っています。

それでは木村先生，よろしくお願いいたします。

イントロダクション

■木村――本日はキャリア開発とその政治的側面ということでプレゼンテーションいたします。今，日本には2つの現状があり，それによりこのテーマを取り上げました。

まず1つが，日本における企業内キャリア形成の変化です。会社がスリム化，少数精鋭化しており，個人から見るとキャリアを実現する機会が減少しています。自分が望むキャリアを実現できる可能性が低下してきている，つまりキャリア・アンカーの実現が難しくなっているということです。もう1つは新しい話ではないのですが，組織は政治的側面をもっているということです。組織は政治的側面をもつのが一般的だと言われており，日本でも実務家の間ではこのことは広く認識されています。しかしこの政治的側面は，企業内でのキャリア開発やその他の場でのキャリア支援においてあまり注目されていません。これが実際に働く人，特に若くてこれから会社で働こうという人の認識と実際の会社の状況とのギャップを生んでいます。以上のことを日本の特に若い人たちが理解するのが重要だと考え，本日このトピックを取り上げることにしました。それでは

中身に入りたいと思います。

●**シャイン**——少々コメントさせて頂いてもよいでしょうか。まず，キャリア・アンカーとキャリア開発のコンセプトの違いについてはっきりさせたいと思います。キャリア開発とは，個人が組織のなかのどのレベルまで昇進し，その野心をどれだけ達成することができるかということについてのお話です。一方，キャリア・アンカーでは，個人がどういった仕事をしているか，その仕事がその人の個性に合ったものなのかどうかということを考えます。マネジメントをキャリア・アンカーとしてもつ若者は，組織のなかで高い地位に就くことを望みます。しかし技術的なアンカーの人は，自分の専門分野にできるだけ長く携わっていることが望みで，昇進についてはあまり気にかけていません。アメリカでは，組織内で自分のアンカーが達成できない場合，趣味等，仕事以外で自分のキャリア・アンカーを満たしています。アメリカでもやはり会社のスリム化や組織の政治的側面がキャリア開発の支障となっており，そのためにこのような現状となっています。つまり，アメリカでも日本と同様の問題を抱えているということです。

■**木村**——ありがとうございます。それでは続けます。

1．企業内キャリア形成の変化

■**木村**——キャリア形成の政治的側面の議論に入る前に，まず，企業内キャリア形成に関する近年の変化について簡単に議論したいと思います。

　これは先程述べたことですが，コスト削減や労働需要の変動により，日本では——アメリカでも同様だと思いますが——非正規雇用や外部社員の増加が急激に進んでおり，社会的に大変な注目を集めています。それにより，日本では正社員，なかでも組織の上位層への昇進を想定して活用されている人の割合が低下しています。これは，シャイン先生が『キャリア・ダイナミクス』（二村敏子・三善勝代 訳，白桃書房，1991）および本書（11ページ）のなかで示されているキャリア・コーンの形状を図1の右側の

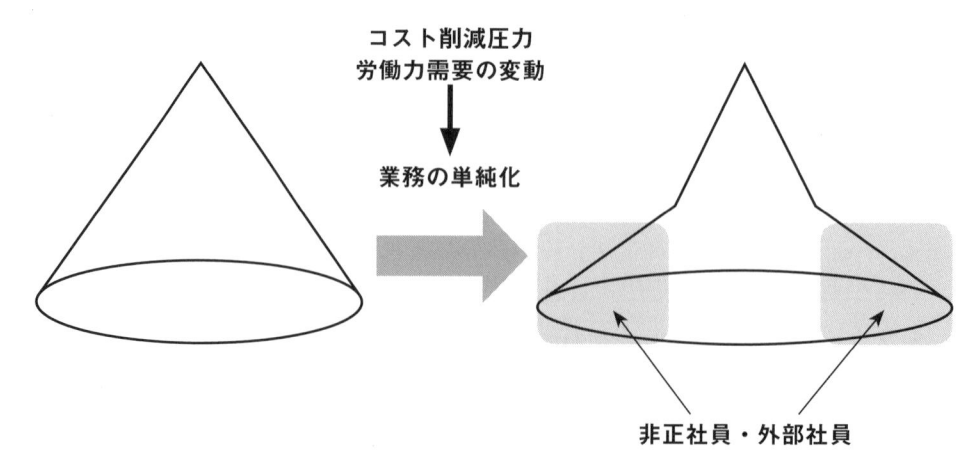

図1　キャリア・コーンの変形（作成：木村）

ように変化させる動きといえます。しかし，昇進候補者たる正社員が絞り込まれたとはいっても，彼ら1人当たりの人材育成への投資は増加しているとはいえないのが現状です。

●**シャイン**——国ごとの違いについてお聞きしたいのですが……。アメリカでも，一時雇用やパートタイマーについては同様の問題があります。アメリカでの社員と一時雇用の最も大きな違いは，医療手当の福利厚生を受けられるかどうかということです。日本の一時雇用の人たちは，医療や社会福祉の手当を正社員同様に受けられるのでしょうか。もしそうであれば，一時雇用もそれほど悪い話ではないと思うのですが。

■**木村**——日本の法律制度によれば，医療手当や健康保険といった福利厚生は，労働時間と勤続期間によって，一時雇用に対しても適応され得るものです。つまり長い期間・長い時間働いていれば，制度的には適応されることになっています。しかし，問題になっているのは給与です。日本でも同一労働・同一賃金を目指す動きはありますが，いまだ職務ベースの給与が十分に確立していないので，同じ仕事をしていても正社員と非正社員では1時間当たりの給与額に格差があります。また，退職給付に関して正社員と非正社員には大きな格差があり，退職後の報酬も含めると正社員と非正社員との給与格差はさらに大きくなると言えます。もう1つ，日本の特徴として，派遣社員の活用に関する規制や，正社員の解雇に関わる規制を緩和しようという政策的な動きがあり，社会的注目を集めています。正社員の解雇の容易化，派遣社員の増加による雇用の不安定化への恐れが，国民の間に広がっているのです。

●**シャイン**——よく分かりました。

■**木村**——それでは，企業のキャリア形成の方針における一般的な変化と，その影響に話を移したいと思います。

　ここまでお話ししてきたように正社員の割合は低下していますが，その正社員のなかでも厳しい競争があります。会社が効率性を今まで以上に重視するようになったのがその理由です。人材育成に関してもできるだけ対象者を絞り込み，そこに集中して投資するという動きが一部の大企業で強まっています。実際に若い人が会社に入ると先輩社員が教育を担当しますが，会社のなかで教育を担う人も不足しているので，若い社員のすべてがそのような教育を十分に受けられるわけではありません。また，自分の希望に沿った仕事は言うに及ばず，自分の成長につながるような仕事ができる人も限られています。そのため，30歳くらいで何らかのキャリア・アンカーをもったとしても，それを実現することは容易でないと思われます。また，自分の成長につながるような良い先輩や良い仕事を得られるかどうかということも，事実上厳しい競争になっています。

●**シャイン**——少しコメントさせて下さい。私に言わせていただければ，キャリア・アンカーという概念の価値は，ある人が特定の仕事を遂行する能力に関わっています。組織にとって最も重要な課題は，仕事のニーズと個人の能力をどうマッチングさせるかということではないでしょうか。アメリカの企業でよく見られる失敗は，技術者志向の

人を昇進させ，管理職としてマネジメントの仕事をさせようとすることです。ここでの問題は，会社が間違った人材をマネジメント職に昇進させるという非効率的なことをしているということです。キャリア・アンカーを実現できるかどうかということは，どういったアンカーをもっているかによって左右されます。たとえば安定保障がアンカーの人にとっては，仕事の内容というものは大して重要な問題ではありません。一方，マネジメントのアンカーの人にとっては，もっと責任のある地位に昇進することこそが重要になります。

　ですから，キャリア・アンカーを実現できるかどうかは，どのアンカーについて話をしているかによって異なってきます。

■木村——特にゼネラル・マネジャーに関してはポジションが減少しているので，マネジメントのアンカーの人にとってはキャリア・アンカーの実現が難しくなっていると言えるでしょう。ただ，若い人に限って言えば，ゼネラル・マネジャーを目指したいという人は減っており，中間管理職あたりを望む人が増えています。ですから，20代前半くらいの層に限って言えば，ゼネラル・マネジャーのポジション数と希望者の間にあまり大きなギャップはないかもしれません。また，学術的な調査による統計はありませんが，生活様式や自立・独立，専門・職能別能力といったアンカーが増えていると言われています。これはキャリア・アンカーの測定からではなく，一般的なアンケート調査等で「どのような職業の希望をもっているか」を20〜30代に聞くと，そのような意見が増えているということです。

●シャイン——そのようにさまざまな人々がいて，彼らがどのような仕事をしたいか，何が得意か，何によってモチベーションを得られるのかといったことを研究するというのがキャリア・アンカーの主眼です。優秀な技術者で，マネジャーのポジションには就かず自分の専門の仕事をずっと続けていきたいと思っている人にとっては，派遣社員といった働き方も悪くないのかもしれません。

■木村——たとえば現在，日本では，女性が結婚して子供を生んでも長く働くようになっています。そのため，子供を生んだ後，生活を重視して働きたいという人が増えてきています。ただ，子供を育てながら仕事をするので，残業ができなかったり，遠方への出張ができなかったりするという問題がありますが，日本では，まだそのような人に対して周囲からの厳しい目があります。また，そのような人たちのなかにも，単純作業ではなくある程度自分の能力を活かせる仕事をしたいと望んでいる人たちがいます。子供の世話のために早く帰宅しなくてはいけないことに対しては，周囲からのサポートが不可欠ですが，そのような女性が増えてきているため，サポートをする側にも限界がくることがあります。つまり，仕事と生活のバランスをとる志向は高まっているにもかかわらず，実際にそれができる人は限られており，周りもそのサポートをしきれないという現象が見られます。以上，よろしいでしょうか。それでは，キャリア形成の政治的側面の話に移りましょう。

2．キャリア形成の政治的側面

(1) 組織内政治の存在

■**木村**——まず，組織における政治，組織内政治（社内政治：organizational politics）についてお話しします。組織内政治は，企業で働く人にはなじみのある言葉ですが，学術研究においても広く議論されていて，その定義は統一されていません。一般的には，組織が公式に定めた目標以外のことを達成するための活動や，公式に定めた目標を，通常の業務の流れとは別の，裏での働きかけにより達成しようとすることを言います[1]。

社内政治を引き起こす要因には，組織を構成するメンバーの性格や歴史的経緯，組織構造の特性などさまざまなものがありますが，ここでは，資源に希少性があるということと，意思決定の基準が曖昧であること，を挙げます。それにより個人またはグループが政治的行動に出ます。政治的行動は，組織の業績をあげるためにする行動と，自分が得をするためにする行動に大きく分けられます。たとえば日本の会社で新入社員が成長していくという話で言いますと，まず資源の希少性に関して，先ほど申し上げたように自分に仕事を教えてくれる先輩や周囲で仕事をサポートしてくれる人が，組織の人員削減に伴って少なくなってきているということが挙げられます。また，昇進の決定や人事異動による仕事の配分は，日本でも人事評価に基づいて行っていますが，人事評価はどうしても主観性を伴うものであり，またその基準も曖昧性から逃れられないのが現実です。これまで，ゼネラル・マネジャーに昇進していくというなかでこういった問題が指摘されてきましたが，実際には専門職として技術的な面でキャリア積んでいこうという人についても同様の問題は避けられません。

●**シャイン**——少しコメントします。これはよく質問に出る話ですが，アメリカでは，さまざまな技術分野の先輩やメンターにすぐにつくのではなく，まずはセールスマンや技術職といった大きなくくりでの全体向けの研修プログラムを受けることになっています。

■**木村**——日本では，伝統的には理系の職種，特にエンジニア等は昔からアメリカの企業と同じような形がとられていたと思います。そしてそれ以外の分野では，Off-JTではなく比較的早い段階から現場で育てるという形がとられてきました。すぐに先輩につき，その目で見ながら仕事を覚えるのが伝統でした。最近，日本企業でも配属前に訓練部署に新入社員全員を集め，昔よりも長い期間の訓練をするようにはなってきてはいますが，それでも——これは私の認識ですが——アメリカ企業に比べて短い期間の訓練で現場に出ています。日本では「人は現場で育つ」という価値観が非常に強いのです。もちろん企業ごとに差がありますが，たとえばある大規模なIT企業では，システム・エンジニアを3カ月程で現場に出します。また，ハードウエアのエンジニアを1カ月の研修のみで現場に出すということが，有名な大企業でも行われています。

●**シャイン**——私見ですが，アメリカでは訓練期間に長い時間を費やし，他の国のよ

うに現場で先輩の仕事を見たり学んだりするという師弟関係のようなものがあまりないように感じます。アメリカでは新入社員に標準的な訓練プログラムを受けさせることが多いようです。

■**木村**――今のお話は，日本の一般的な通説と照らし合わせると，非常に興味深いです。

　日本での一般的な認識では，アメリカの大学生は即戦力だと言われており，会社に入るとすぐに仕事ができると思われています。一方で日本の大学生は，仕事能力がないので会社に入ったら育てなければいけない，だから日本企業は大学新卒者に対してアメリカ企業よりも苦労しているのだ，という認識です。そのために日本企業では現場が苦労する，とも言われています。

●**シャイン**――私は逆だと思います。アメリカではジョブ・ディスクリプション（職務記述書）によって仕事内容を標準化し，学卒者にすぐに仕事をさせてしまいますが，日本のように現場の師弟関係で育てるシステムのほうが良いのではないでしょうか。そこで疑問なのですが，日本企業では採用の際に非常に具体的な仕事内容まで提示しているのでしょうか。

■**木村**――具体的ではありません。中途採用の場合はある程度具体的な場合もよくありますが，新卒採用ではせいぜい職種が限定されるくらいです。以前は職種さえ限定されていなかったのですが，最近は新卒採用においても職種を狭く限定するケースが見られるようになりました。とはいえそれも，システムエンジニアとして採用するか営業として採用するか，もしくは本社スタッフで採用するかというような程度の区分が主流です。しかも採用された場合も，もしかしたら数年後にシステムエンジニアから営業に異動するというようなこともあり得る形での職種限定でしかないこともあります。会社によっては職種を限定して採用したらずっとその職種のままというところもありますが，いずれにしろ，アメリカ企業と同等に具体的で明確なケースは多くありません。

●**シャイン**――私が訓練と言っているのは，新入社員に対し，その会社のやり方を教える訓練です。一口にセールスマンと言っても，その会社でのセールスの仕方はその会社独自のものでしかないので，一般的なセールス方法というよりも，その会社の製品についてのセールス方法を訓練しているわけです。

■**木村**――新入社員に対し，日本でもそのような意味での訓練も行いますし，マナー研修やビジネス文書の書き方といった一般的なことも教えます。これは比較的短期間で終わります。補足しますと，製薬会社の営業担当であるMR（medical representatives）や，一部の会社でのシステムエンジニア等では，1年以上の研修を必要としている会社もあります。そのような会社では，入社直後から現場での師弟関係に入れるのではなく，本社での集中訓練を長期間行います。また，たとえばMRですと，MRで採用した人はその後長い間，MRとして働くことが多いです。そこにジョブ・ディスクリプションの提示といったことはありませんが，日本ではMRは大体こういう仕事だということが合意されており，暗黙の了解で職務が明確化されています。

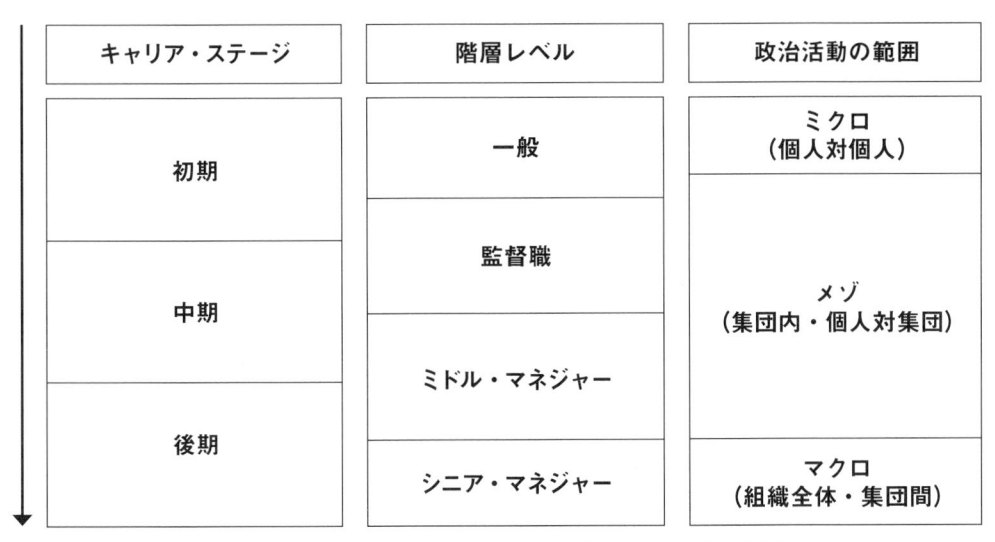

キャリア・ステージ	階層レベル	政治活動の範囲
初期	一般	ミクロ（個人対個人）
中期	監督職	メゾ（集団内・個人対集団）
中期	ミドル・マネジャー	メゾ（集団内・個人対集団）
後期	シニア・マネジャー	マクロ（組織全体・集団間）

図2　キャリア・ステージ別の政治的課題（作成：木村）

　それでは次に，従業員個々人が直面する「政治的課題」，すなわち組織内政治に関連して対処しなければならない一般的な課題を，キャリア・ステージごとに考えていきたいと思います。

(2) キャリア・ステージ別の政治的課題

　図2は，マネジャーに昇進するということを想定し，キャリア・ステージ別の政治的課題を示したものです。たとえばマネジャーに昇進していく際には，このような政治的課題があるということです。これはごく普通の話ですが，昇進によって一般社員からシニア・マネジャーへと上がっていくと，業務上で必要となる政治活動の範囲も，初めは個人対個人の間で行われるのが，個人対集団，さらに集団間と，組織全体を見渡すものとなっていきます。それに伴い，政治活動の中身とその比重も変わっていきます。つまり，これはキャリア・ステージによって個人の業務上・キャリア上の政治的課題が変化していくということを示した図です。

3．組織内キャリア形成と政治力

(1) キャリア・アンカーの実現と政治力

■木村——次に，組織内政治という状況のなかでうまく立ち回っていく力と——ここでは政治力と呼んでいますが——キャリア・アンカーの実現との関係についてお話しします。たとえば，ゼネラル・マネジャーというキャリア・アンカーの場合，ゼネラル・マネジャーへと昇進していくにつれて政治活動の範囲が広がり，仕事のなかに多くの政治的対処が含まれるようになります。その政治的対処のなかで本人が行う政治活動そのものが，自分のゼネラル・マネジャーというキャリア・アンカーに沿って良い仕事が

できるかどうかに関わってきます。技術的アンカーの人ですと，仕事を教えてくれる人を会社からつけてもらえる場合もありますが，つけてもらえない場合や，会社からつけてもらった人が実際には自分の技術の向上には役に立たない場合もあります。そのようなときは，仕事を教えてくれる会社内の別の人と自分でネットワーキングをしなければなりません。特にエンジニアやコンサルタントの場合，そうしたネットワークをもてるかどうかが，自分の専門性の向上につながるプロジェクトに携われるかどうかに影響してきます。良いネットワークをもっていれば，会社内の直属上司や同じ部署の先輩以外の誰かが，そのような良い仕事を自分に回してくれる可能性が高くなります。「仕事と生活のバランスをとりたい」という人は，たとえば周囲からのサポートを得るためには，自分も周りのサポートをするということが大切です。相手が望むことをしてあげることで，自分をサポートしてもらえるような良い人間関係を作っていくことが求められます。

●**シャイン**──アメリカでは，このプロセスは企業によってそれぞれ大きく異なります。企業によってはシステムが非常にオープンで，政治的な活動を奨励している場合もありますが，逆に制度が柔軟ではない会社では，どのように行動しようと特定の仕事をするしかありません。そう考えますと，アメリカ企業よりも日本企業のなかでのほうが個人のキャリア・アンカーを実現しやすいのかも知れません。

■**木村**──日本のほうがキャリア・アンカーを実現しやすいかどうかは分かりませんが，日本では職種の限定が比較的緩やかなので，個人の働きかけで変わる余地があると考えられるかもしれません。ただ，人事異動については人事部が強い権限をもっている会社もあり，そのような会社では，自分のキャリアは人事部に振り回されていると感じる人も少なくありません。

●**シャイン**──分かりました。

■**木村**──最近の日本の企業，特に大企業では，メンタリングや生活のサポートを制度化したり，そのためのガイドラインを作ったりして，会社として公式に推進していく動きがありますが，実際にはメンタリングやサポートは現場でそれを行う人のモチベーションに依存する面があります。サポートを受ける側としては，結局，サポートをしてくれる人のモチベーションをいかに獲得するかという政治的ネットワーキングや説得・交渉等の非公式な活動に影響されるのが現実です。

◆**尾川**──1つ質問してもよいでしょうか。私の世代のせいかもしれませんが，たしかに日本の場合，入った会社の社風──シャイン先生の言葉で言うと基本的想定ですが──と相性が良ければ，もしかしたらアメリカよりもキャリア形成のチャンスがあるのかもしれません。ただ，日本では社会的流動性は低いと私は思いますので，社風と合わない場合については，アメリカのほうがキャリア形成力があるということになってしまうのかどうか……。そのあたりについて，シャイン先生と木村先生はどのようにお考えでしょうか。

●**シャイン**──日本の大企業では，組織内での流動性の高さが社会的流動性の欠如を

補っているのではないでしょうか。転職して社外へ出る代わりに，同じ会社のなかで別の仕事に異動することができるということでしょう。会社としても，従業員に忠誠心をもって長く勤めてもらいたいならば，従業員のニーズに対応できるシステムが必要なのだと思います。

■**木村**──日本の場合，中小企業よりも大企業のほうが勤続年数は長い傾向があります。これは大企業の場合，ジョブ・ローテーションにより3年ほどで部署（ときには職種も）が変わることも多いので，配属先が自分と合わないから辞めるということが比較的抑制されているのだと思います。社風の話をしますと，大企業では組織が大きいために経営者との距離が遠く，部署の数も多いため，自分のいる部署の風土が会社全体の風土を反映しているとは限らないということがあります。

●**シャイン**──そうですね。

■**木村**──ですから，社風が自分に合っていればあまりにも早く1～3年で辞めるというようなことはないでしょう。ただ，社風が自分に合っていると思い長く勤めても，昇進していくうちに実際には自分の思っているような会社ではなかった，といったこともあるでしょう。また，社風が合うと思い長く勤めていても，実際には自分のキャリアのスポンサーになってくれるような人が社内におらず，自分の昇進を引っ張ってくれる人，つまり上の役職に引き上げてくれる人や，自分の専門性を高めてくれる人が見つけられない場合もあります。つまり，社風が合っていてもキャリアとしては成功できない可能性もあるということです。

(2) 政治力の構造

■**木村**──さまざまなキャリア・アンカーがありますが，共通して言えるのは，ある程度の仕事のパフォーマンスはあげなくてはいけないということだと思います。1人でできる仕事というものもないわけではありませんが，基本的には仕事でパフォーマンスを上げるためには，さまざまな人と協力していかなければなりません。つまり，仕事でパフォーマンスを上げるためには，程度の違いこそあれ，ネットワーキングや交渉力といった非公式な影響行動，すなわち政治的活動が必要だということです。日本企業では10年程前から，業績に基づいて1人ひとりの従業員を処遇する業績主義が推進されており，そのためもあって職場の個人主義的な傾向が強まっていると言われます。ですから，仕事上で周りからのサポートを受けようとする場合，単に頼むだけで簡単にサポートを得られるわけではなく，その前提となる人間関係やネットワーキングがより重要になってきています。このような状況下で，特に入社したばかりの若い人たちが直面する問題があります。たとえば仕事の協力を頼んでも協力が得られない，または他の人が自分以外の人に対しては協力的だが自分には協力してくれないといったことがあります。その背景には個人的な好き嫌いもありますが，部署間の関係や上司同士の関係といった人間関係による政治的状況が強く影響しています。特に日本の若い人たちはそのような

状況に対してあまり免疫がないため，非常に強いストレスを受け，「会社とはこういうものだ」と考えることがなかなかできず，すぐに会社を辞めてしまうという問題が起こっています。

それでは，図3をご覧ください。これは，個人が政治的な組織において業績に貢献したりキャリア形成をしていくための力である「政治力」の要素を示したものです。政治力は「政治準備性」「政治意思」「政治スキル」「政治的知識」「政治的パワー」によって構成されます。まず，これらの要素について簡単にご説明します[2]。

ある程度経験を積めば「会社とはそういう（政治的な状況をもつ）ものだ」という認識ができ，先ほどのようなことに直面しても「こういうものなのだから仕方がない」と思い，別の対処方法を考えられるようになります。これが図3に示した「政治準備性」というものです。この政治準備性があるかどうかが，政治的状況に対し，個人がどのように考えるかということに影響してきます。図3のその下の「政治意思」は，自ら政治的行動をとろうとする意思のことです。政治的状況を認識したとしても，自分は政治的に立ち回るのは嫌だという人もいますので，これにはパーソナリティや状況に規定される個人差があります。この政治意思がなければ，政治的行動による政治的課題への対処はできないということです。この政治準備性と政治意思は，組織内政治に対する個々人の基本的態度といえます。

その下の政治スキルは，組織の中の政治的状況を理解し，その理解を政治的行動のなかでいかしていくスキルのことです。政治スキルが高い人は，意思決定を自分の望む方向に動かしていくことができますし，社内の政治的状況からストレスを受けにくい傾向があります。政治スキルは，たとえ組織が変わったとしても新たな組織の政治的状況に対応できるスキルを意味するもので，社内の人的ネットワーク，誰がキーパーソンかと

政治力	政治準備性 (political readiness)	基本的態度 (basic attitude)	普遍的 (general)
	政治意思 (political will)		
	政治スキル (political skill)	基礎的スキル (fundamental skill)	
	政治的知識 (political knowledge)	勤務先に固有の 知識・資源	企業特殊的 (firm-specific)
	政治的パワー (political power)		

図3　政治力の構造（作成：木村）

いう知識，部署間・個人間の利害関係などの，個々の組織に固有の知識とは異なります。後者は図3の「政治的知識」に該当します。

そして，与えられている職務権限や，組織のなかで獲得した信頼や評判などによって得られるのが「政治的パワー」です。これは実際に，政治的に他者を動かす力のことです。政治的パワーは，政治スキルや政治的知識によって左右される部分もあります。これら5つの要素が合わさって，個人の組織内での「政治力」を構成します。

図3に挙げた政治力の5つの要素のうち，政治準備性，政治意思，政治スキルは普遍スキルであり，勤務先が変わっても変化しないもの，政治的知識と（一部の）政治的パワーは勤務先が変わると変化するもの，という位置づけです。すなわち，もし転職をした場合，政治的知識と政治的パワーは失われ，政治力を獲得するためには，蓄積をし直すことが必要になります。

先ほど新入社員のお話をしましたが，最近は中高年でアウトプレースメントや転職により他の組織に移るというケースも増えています。特に大企業ではアウトプレースメントが増えているので，そのお話をしたいと思います。アウトプレースメントの場合，キャリア・カウンセラーが付きカウンセリングを行います。その場合，今までもっていた職務遂行能力，つまりテクニカルなスキルに焦点が当てられる傾向があります。会社が変わる場合も，新しい会社でパフォーマンスをあげるためには，先ほどお話ししたような政治的行動が良い意味で必要になってきます。ある程度経験を積んだ中期キャリアに位置する人のなかには，元いた組織ではそれなりにパワーやネットワークをもっており，そういう面で自分は優れていると思い込んでいる人がいます。しかし新しい組織ではネットワークも人間関係も違うため，そこに適応できないという問題が生じ得ます。たとえば，元いた会社では社内の人間関係についてよく知っていたり，力のある上司のおかげで自分も力をもっていたりしても，他の会社に移ってしまえばそれらは仕事上は失われ，またゼロから人間関係や権力を構築しなければなりません。そのような1つの会社に固有の政治力ではなく，新しい会社での政治的状況に対応できる政治準備性や，その基盤となる政治的なスキルが必要です。このような企業固有のものと一般的なものを統合し，政治力と呼んでいます。

(3) キャリア・アンカーの実現と政治力の開発

■木村——今お話しした政治力が，ここで示したキャリア資源，具体的には成長につながる経験や業務のサポート，感情面でのサポート，昇進ポストに推薦してくれるキャリア・スポンサーシップといったものの獲得につながります。どのキャリア資源が特に重要になるかということについては，キャリア・アンカーごとに異なってくるかもしれませんが，政治力がキャリア資源の獲得につながり，個人のキャリア・アンカーの実現に寄与するということは全体として言えると思います。この関係をまとめたのが図4です。

それでは，図5をご覧ください。これは図2によく似ていて，順序が少し前後した感がありますが，これは特にマネジャーとして昇進していく場合の階層ごとの能力の違いを示したものです。上位の階層ほど視点が広くなり，社内外のネットワークも広くなっていくという図です。

　たとえばマネジメントがキャリア・アンカーの場合，この階層を1つ1つ昇るにしたがって，より幅広い，より大きな範囲での政治力が必要になってきます。ゼネラル・マネジメントをキャリア・アンカーとする人はこのことを認識しておく必要がありますし，

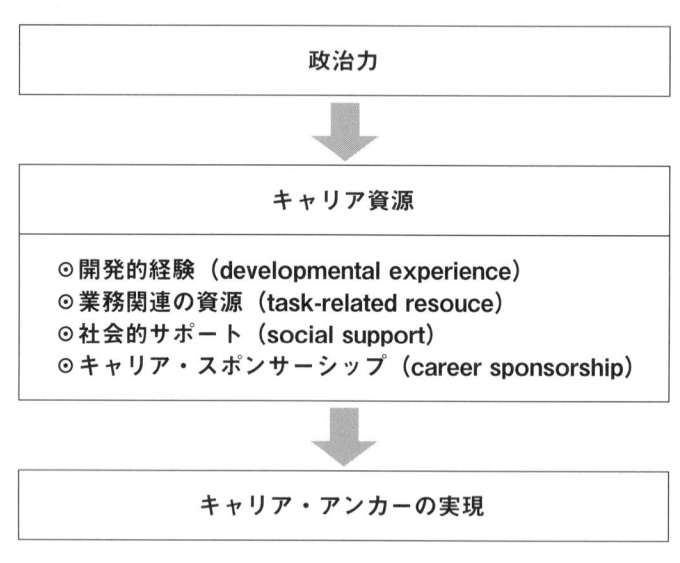

```
┌─────────────────────┐
│      政治力          │
└─────────┬───────────┘
          ▼
┌─────────────────────┐
│    キャリア資源      │
│                     │
│ ⊙ 開発的経験（developmental experience）│
│ ⊙ 業務関連の資源（task-related resouce）│
│ ⊙ 社会的サポート（social support）│
│ ⊙ キャリア・スポンサーシップ（career sponsorship）│
└─────────┬───────────┘
          ▼
┌─────────────────────┐
│ キャリア・アンカーの実現 │
└─────────────────────┘
```

図4　キャリア・アンカーの実現と政治力（作成：木村）

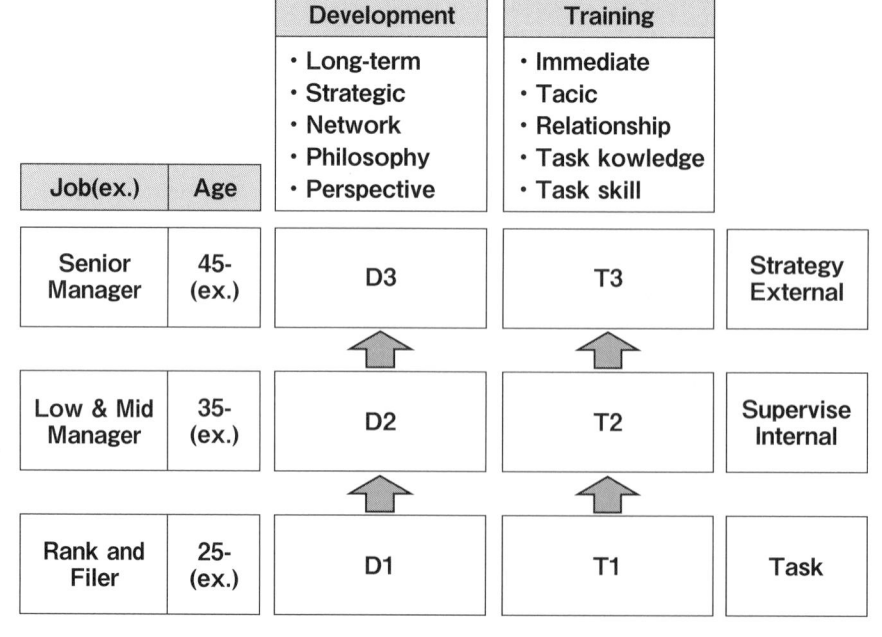

		Development ・Long-term ・Strategic ・Network ・Philosophy ・Perspective	Training ・Immediate ・Tacic ・Relationship ・Task kowledge ・Task skill	
Job(ex.)	Age			
Senior Manager	45-(ex.)	D3	T3	Strategy External
Low & Mid Manager	35-(ex.)	D2	T2	Supervise Internal
Rank and Filer	25-(ex.)	D1	T1	Task

図5　組織内キャリア形成と政治力（作成：木村）

会社もそのようなアンカーの人にゼネラル・マネジャーになってもらいたいならば，その人が成果を出せるよう，マネジャーの仕事には政治的な力が必要だということを教育していかなければなりません。この図には描いていませんが，たとえば技術的なアンカーの場合は，技術的な専門性ももっている人とのネットワーキングが必要ですし，社内のプロジェクトに対して自分を推薦する，もしくはしてもらう，ということも必要になります。また生活様式を重視する場合は，業務上のサポートを得る必要があります。このように具体的な中身はそれぞれ違いますが，自分のキャリア・アンカーに沿った仕事をし，成果を上げていくには，何らかの政治的な活動をしていく必要があります。最近，日本企業の人材開発担当者や企業内外のキャリア・カウンセラーの人たちも，キャリア・アンカーの重要性を認識してきています。そして，それに基づいた人材開発のプログラムを作ったり，キャリアカウンセリングを行ったりしています。しかし，私の知る限り，その中身はどうしても「個人がやりたいこと」が中心になりがちなようです。自分が望み通りの仕事ができることは良いことですが，仕事というものは社会的なものであり，望み通りの仕事を担当したりそこで成果をあげたりすることは社会的な現象です。このことを，キャリア・アンカーを学んだり使ったりするにあたって強く認識しておくべきだと考えます。そのような現実をふまえますと，会社の公式な師弟システムによって上司が与えてくれるものだけでは，個人がキャリア・アンカーと合った仕事をしたり，望ましいキャリア形成をしたりしていくことは難しいでしょう。しかし，日本の会社員，特に若い人たちにはこのような認識が不足しているのではないでしょうか。仕事は社会的な側面をもつということは当たり前と言えば当たり前ですが，それを改めて認識し，キャリアを考えていくことが必要だと思います。そう考え，本日はこのお話をいたしました。

4．まとめ

●シャイン——少しコメントいたします。今日のお話は，個人とその労働環境をいかに適応させていくかという社会的な課題についての，非常に価値のある優れた分析であったと思います。社会全体がうまくまわっていくためには，個人の能力やニーズと，組織の必要とする仕事とがうまく合っていなければなりません。私はいつも，組織が何を必要とし，個人が何を必要としているかを明確にすることを考えています。木村先生がお話になった師弟関係のプロセスは，組織が必要とする人材を獲得できる良い方法であると思います。個人については，自分のニーズを達成するためには，ネットワーキングを行い，その組織で求められる政治的要件を十分に理解しなければならない，と分析されていたと思います。この分析は，現在のアメリカ企業が考えているよりもずっと進んだ内容だと思います。アメリカでは，ジョブ・ディスクリプションや技術的な仕事というものが非常に力をもっていますが，実際は日本以外も含めどの組織においても，木村先生のご指摘のように，技術的な職務よりもネットワーキングや政治力，周りとの協

力関係を作ること等のほうがより重要なのでしょう。素晴らしい分析だったと思います。
■木村——ありがとうございました。
◆尾川——私からもコメントを致します。今日の木村先生の発表でとても良かったのは，具体的な対処が取り得るということだと思います。高橋俊介氏の『キャリアショック』等，現在の状況を説明しているような本はありますが，そこにはどうすればよいかということは書いてありません。大手4社のキャリア・ワークブックというものをここにもってきましたが，木村先生のご指摘のように，「何がやりたいか」ということを書いているものは多いのですが，具体的に困っている人がどうしたらよいかということは書いてありません。実際にマネジメント力や政治力をつけるためには，20代，30代，40代と，いくつかの段階が必要です。しかし，現実には木村先生のご指摘のように派遣社員が増加していますし，45歳になって何の準備もなく突然役職定年を迫られるということも頻発しています。そのような現状を考えると，今日木村先生が発表されたことは，『キャリアショック』という本やキャリア・ワークブックよりも，より具体的にどうしたらよいかという解決方法につながるものだと感じましたので，大変素晴らしいと思います。
●シャイン——そうですね。
◆尾川——ダグラス・ティム・ホールというシャイン先生のお弟子さんがいらっしゃいますが，彼の *Career Is Dead* という本を今，木村先生と私で訳しています。彼は「プロティアン・キャリア」ということを言っています。プロティアン・キャリアを経ていくということは，木村先生の言う政治力を身につけていくことにつながると思います。
●シャイン——そうですね。
◆尾川——*Career Is Dead* や *Boundaryless Career* といった本と，本日の木村先生の政治的行動のお話は，双方合わせて読むと，とてもよいのではないかと思います。さらに，日本では今，中学校での登校拒否や，第2新卒やニートのように大学を出てから職に就かない人たち，また先ほど述べた役職定年のことなどが非常に問題になっています。このような人たちすべてに政治的行動の技術を習得させることは，彼らの社会性を強化し，再社会化を促進する非常に有効な手段であると感じました。特にこれからの高齢化を考えますと，45～50歳頃の人たちには，退職後に会社を始めていただきたいものです。こういう人たちには，ガードナーの言う「多重知能性」や会社の社長としてのゼネラル・マネジャー機能，ネットワーキング等が必要とされますが，これも木村先生の言う政治的行動の技術があれば実現可能なものになると思います。このことは社会のコストを軽減することにつながるものだと信じています。具体的には，12月15日から，木村先生とこうした再社会化に取り組んでいるいくつかのNVPOに対するインタビューを始めようと思っています。このときに *Career Anchors* 第4版と共にこの政治的行動の話を導入することは，キャリア・アンカーを使った社会化を強化する結果につながるでしょう。結論としては，個人が政治的行動を強化していくということは，豊かな多様性のある生活空間を保障すると思います。今日は大変楽しく聞かせていただきました。

●**シャイン**──そうですね。

■**木村**──先ほどシャイン先生が「組織が何を必要とし，個人が何を必要としているかを理解することが大切だ」とおっしゃられましたが，日本企業にとっては今，このことが非常に重要な課題だと思っています。日本企業では，クロス・ファンクショナルなチームや沢山のステークホルダー（利害関係者）に対応するということが重要になってきています。しかし，公の場でコミュニケーションをとってもお互いが理解できない，たとえば本音が言えないとか，部門間の方言のようなもののせいで組織と個人が理解し合えないという状況が問題になっています。このような状況でキャリアを形成していかなければならないため，社会的側面を理解することがより困難になっています。そのため，社会的なことを読み取るスキル，またそういった側面に働きかけるスキルが重要なのだということを，シャイン先生のコメント聞き，私も再認識しました。

●**シャイン**──さらにコメントしてもよいですか。

■**木村**──はい，お願いします。

●**シャイン**──言語と言葉の意味ということは，非常に重要なポイントです。先ほど木村先生が政治力とはネットワーキングや人間関係の構築であるとおっしゃいましたが，アメリカの組織では政治力をそのようには解釈しないのではないかと思います。本日の木村先生の報告で私が最も気に入ったのは，政治力を個人の権力ではなく，ネットワーキングや人間関係の構築だとしたところです。

　ですから，これからキャリア開発の話をする際には，ネットワーキングや人間関係の構築について触れることが重要だと思います。

■**木村**──ありがとうございます。

◆**尾川**──シャイン先生，木村先生，本日はありがとうございました。

※─注

1）組織内政治の定義に関しては，以下の研究を参考にしている。

Mayes, B. T., & Allen, R. W. (1977). Toward a definition of organizational politics. *Academy of Management Review, 2*(4), 672-678.

Tushman, M. L. (1977). A political approach to organizations: A review and rationale. Academy of *Management Review, 2*(2), 206-216.

2）これら5つの要素のうち，「政治意思」「政治スキル」に関しては以下の研究の議論にも依拠している。

Doldor, E., Anderson, D., & Vinnicombe, S. (2013). Refining the concept of political will: A gender perspective. *British Journal of Management, 24*(3), 414-427.

Ferris, G. R., Davidson, S. L., & Perrewe, P. L. (2005). *Political skill at work: Impact on work effectiveness.* Davies-Black Publishing.

Kimura, T. (2013). The moderating effects of political skill and leader? Member exchange on the relationship between organizational politics and affective commitment. *Journal of Business Ethics, 116*(3), 587-599.

参考文献と関連書籍

Acemoglu, D., & Autor, D.H. (2011). Skills, tasks and technologies: Implications for employment and earnings. *Handbook of Labor Economics, 4*, 1043-1171.

Arthur, M.B., Inkson, K., & Pringle, J.K. (1999). *The new careers*. Thousand Oaks, CA: Sage.

Arthur, M.B., & Rousseau, D.M. (Eds.). (1996). *The boundaryless career*. New York: Oxford.

Autor, D.H., Katz, L.F., & Kearney, M.S. (2008). Trends in U.S. wage inequality: Revising the revisionists. *The Review of Economics and Statistics, 90*(2), 300-323.

Bailyn, L. (1978). Accommodation of work to family. In R. Rapoport & R.N. Rapoport (Eds.), *Working couples*. New York: Harper & Row.

Bailyn, L. (1992). Changing the conditions of work: Implications for career development. In D.H. Montross & C.J. Schinkman (Eds.), *Career development in the 1990s: Theory and practice*. Springfield, IL: Thomas.

Bailyn, L. (2002). *Beyond work-family balance: Advancing gender equity and workplace performance*. San Francisco: Jossey-Bass.

Bailyn, L. (2011). *Breaking the mold: Redesigning work for productive and satisfying lives* (2nd ed.). Ithaca, NY: Cornell University Press.

Barley, S.R., & Kunda, G. (2006). *Gurus, hired guns, and warm bodies: Itinerant experts in the knowledge economy*. Princeton, NJ: Princeton University Press.

Barth, T.J. (1993). Career anchor theory. *Review of Public Personnel Administration, 13*, 27-42.

Benko, C., & Weisberg, A. (2007). *Mass career customization*. Boston: Harvard Business School Press.

Bianchi, S.M., Casper, L.M., & King, R.B. (Eds.). (2005). *Work, family, health, and well-being*. Mahwah, NJ: Lawrence Erlbaum Associates.

Briscoe, J.P., & Hall, D.T. (2006). The interplay of boundaryless and protean career attitudes: Combinations and implications. *Journal of Vocational Behavior, 69*, 4-18.

Briscoe, J.P., Hall, D.T., & Mayrhofer, W. (2011). *Careers around the world: Individual and contextual perspectives*. London: Routledge.

Crepeau, R.G., Crook, C.W., Goslar, M.D., & McMurtney, M.E. (1992). Career anchors of information systems personnel. *Journal of Management Information Systems, 9*, 145-160.

Davis, S.M., & Davidson, B. (1991). *2020 vision*. New York: Simon and Schuster.

Derr, C.B. (1986). *Managing the new careerists.* San Francisco: Jossey-Bass.

Durcan, J., & Oates, D. (1996). *Career paths for the 21st century.* London: Century Business Press.

Edmundson, A.C. (2012). *Teaming: How organizations learn, innovate, and compete in the knowledge economy.* San Francisco: Jossey-Bass.

Farber, H.S. (2010). Job loss and the decline in job security in the United States. In K. Abraham, J. Spletzer, & M. Harper (Eds.), *Labor in the new economy.* Chicago: University of Chicago Press.

Fine, C. (1999). *Clockspeed: Winning industry control in the age of temporary advantage.* New York: Basic Books.

Gittell, J.H. (2009). *High performance healthcare: Using the power of relationships to achieve high performance.* New York: McGraw-Hill.

Goffman, E. (1963). *Stigma.* New York: Simon and Schuster.

Gunz, H., & Peiperl, M. (Eds.). (2007). *Handbook of career studies.* Thousand Oaks, CA: Sage.

Hall, D.T. (2002). *Careers in and out of organization.* Thousand Oaks, CA: Sage.

Harrington, B., & Hall, D.T. (2007). *Career management and work-life integration: Using self-assessment to navigate contemporary careers.* Thousand Oaks, CA: Sage.

Harrison, B. (1997). *Lean and mean: Why large corporations will continue to dominate the global economy.* New York: Guilford Press.

Higgins, M.C. (2005) *Career imprints.* San Francisco: Jossey-Bass.

Ho, K. (2009). *Liquidated: An ethnography of Wall Street.* Durham, NC: Duke University Press.

Hochschild, A.R. (1997). *The time bind: When work becomes home and home becomes work.* New York: Holt.

Hochschild, A.R. (2012). *The outsourced self: Intimate life in market times.* New York: Metropolitan Books.

Ibarra, H. (2003). *Working identity: Unconventional strategies for reinventing your career.* Boston: Harvard Business School Press.

Jacobs, J., & Gerson, K. (2004). *The time divide: Work, family and gender inequality.* Cambridge, MA: Harvard University Press.

Kellogg, K. (2011). *Challenging operations: Medical reform and resistance in hospitals.* Chicago: University of Chicago Press.

Khurana. R. (2002). *Searching for the corporate savior: The irrational quest for charismatic CEOs.* Princeton, NJ: Princeton University Press.

Klinenberg, E. (2012). *Going solo: The extraordinary rise and surprising appeal of loving alone.* New York: Penguin.

Kochan, T.A. (2010). *Resolving America's human capital paradox: A proposal for a jobs compact.* Paper posted on the website of the Employment Policy Research Network. Available: www.employmentpolicy.org.

Kossek, E., & Lambert, S. (Eds.). (2005). *Work and life integration: Cultural and individual perspectives.* Mahwah, NJ: Lawrence Erlbaum Associates.

Malone, T.W. (2004). *The future of work: How the new order of business will shape your organization, your managements style, and your life.* Boston: Harvard Business School Press.

Mishel, L., Bermstein, J., & Shierhotz, H. (2009). *The state of working America, 2008-2009.* Ithaca, NY: Cornell University Press.

Newman, K.S. (2012). *The accordion family: Boomerang kids, anxious parents, and the private toll of global competition.* Boston: Beacon Press.

Nordvik, H. (1991). Work activity and career goals in Holland's and Schein's theories of vocational personalities and career anchors. *Journal of Vocational Behavior, 38,* 165-178.

Nordvik, H. (1996). Relationships between Holland's vocational typology, Schein's career anchors, and Myers-Briggs' types. *Journal of Occupational and Organizational Psychology, 69,* 263-275.

Osterman, P. (2009). *The truth about middle managers: Who they are, how they work, how they matter.* Boston: Harvard Business School Press.

Percheski, C. (2008, June). Opting out? Cohort differences in professional women's employment rates from 1960 to 2005. *American Sociological Review, 73*(3), 497-517.

Perlow, L.A. (2012). *Sleeping with your smartphone: How to break the 24/7 habit and change the way you work.* Boston: Harvard Business School Press.

Poelmans, S.A.Y. (Ed.) (2005). *Work and family: An international research perspective.* Mahwah, NJ: Lawrence Erlbaum Associates.

Reitman, F., & Schneer, J.A. (2003). The promised path: A longitudinal study of managerial career. *Journal of Managerial Psychology, 18,* 60-75.

Savitz, A.W., & Weber, K. (2006). *The triple bottom line: How today's best-run companies are achieving economic, social, and environmental success.* San Francisco: Jossey-Bass.

Schein, E.H. (1971). The individual, the organization, and the career: A conceptual scheme. *Journal of Applied Behavioral Science, 7,* 401-426.

Schein, E.H. (1975). How career anchors hold executives to their career paths. *Personnel, 52,* 11-24.

Schein, E.H. (1977). Career anchors and career paths: A panel study of management school graduates. In J. Van Maanen (Ed.), *Organizational careers: Some new perspectives.* Hoboken, NJ: John Wiley & Sons.

Schein, E.H. (1978). *Career dynamics: Matching individual and organizational needs.* Reading, MA: Addison-Wesley.

Schein, E.H. (1987). Individuals and careers. In J. Lorsch (Ed.), *Handbook of organizational behavior.* Englewood Cliffs, NJ: Prentice-Hall.

Schein, E.H. (1996). Career anchors revisited: Implications for career development in the 21st century. *Academy of Management Executive, 10,* 80-88.

Schein, E.H. (2010). *Organizational culture and leadership* (4th ed.). San Francisco: Jossey-Bass.

Sennett, R. (2006). *The culture of the new capitalism.* New Haven, CT: Yale University Press.

Turco, C. (2012). Difficult decoupling: Employee resistance to the commercialization of personal settings. *American Sociological Review, 118*(2), 380-419.

U.S. Census Bureau. (2010). *Married couple family groups by labor force status of both spouses.* Washington, DC: Author. Available: www.bls.gov/poputation/socdemo/hh-fam.

Van Maanen, J., & Schein, E.H. (1977). Career development. In J.R. Hackman & J.L. Suttle (Eds.), *Improving life at work.* Santa Monica, CA: Goodyear Publishing.

Yarnall, J. (1998). Career anchors: Results of an organization study in the UK. *Career Development International, 3,* 55-61.

著者について

　エドガー・H・シャイン博士は，シカゴ大学で学士，スタンフォード大学で心理学修士，1952 年にはハーバード大学で社会心理学の Ph.D. を取得している。マサチューセッツ工科大学（MIT）スローン校経済学部の名誉教授である。

　MIT に赴任する前は，1952 年から 1956 年までアメリカ合衆国陸軍に大尉として従軍，ウォーターリード陸軍研究所の社会心理学セクションの主任として勤務した。1956 年，MIT スローン校経済学部で教鞭を取るようになり，1964 年に組織心理学および経営学教授となる。1968 年から 1971 年まで，シャイン博士は MIT の学部計画教示に就任し，1972 年に MIT スローン校組織研究グループの主任となり，1982 年まで主任として活躍する。1978 年にはスローン校のフェロー・プロフェッサーに任命され，1990 年までその職を務めた。

　シャイン博士は，多くの著作を執筆している研究者であり，著者，教師，また，コンサルタントとしても活躍している。専門学術誌へ多くの論文を掲載するほか，14 冊の著書も発表している。組織心理学（*Organizational Psychology*，第 3 版，1980），キャリア・ダイナミクス（*Career Dynamics*，1978），組織文化とリーダーシップ（*Organizational Culture and Leadership*，1985，1992，2010），プロセス・コンサルテーション　第 1 巻，第 2 巻（*Process Consultation*，1969，1987，1988），プロセス・コンサルテーション　改訂版（*Process Consultation revisited*，1999），企業文化（*Corporate Culture Survival Guide*，2009）などである。シャイン博士はまた，シンガポール経済の奇跡に関する考察（*Strategic Pragmatism*，MIT Press，1996）や，DEC の興亡（*DEC is Dead: Long Live DEC*，2003；*The Lasting Legacy of Digital Equipment Corporation*，Berrett-Koehler，2003）に関するケーススタディも発表している。また，故リチャード・ベックハード博士と組織開発に関する Addison-Wesley シリーズを共著者として発表している。このシリーズは 1969 年にスタートして以来 30 冊以上が出版されている。アメリカ合衆国および諸国において，キャリア開発や企業文化に関するコンサルタントとしても精力的に活動している。

シャイン博士は，2000年にAmerican Society of Training DirectorsからWorkplace Learning and Performance部門のLifetime Achievement Awardを受賞している。また，Academy of Managementのキャリア部門からキャリア奨学金としてEverett Cherington Hughes Award（2000年）を受賞し，BU School of Management Executive Development RoundtableからMarion Gislason Award for Leadership in Executive Development（2002年），Academy of ManagementからLifetime Achievement Award（2009年），International Leadership AssociationからLifetime Achievement Award（2012年）を受賞している。

　ジョン・ヴァン＝マーネン博士は，さまざまな職業集団についてのフィールドワークを通したエスノグラフィーと，それに基づく小集団研究の分野で活躍している。警察組織を始めとして，教育機関やさまざまなビジネス企業におけるエスノグラファーとして有名である。1972年からMITスローン校経済学部で教鞭を取り，1988年には，アーウィン・シャエルの教授に任命され，現在に至る。博士はまた，イエール大学，サリー大学，フランスのINSEADでも客員教授として活躍している。ロングビーチに所在するカリフォルニア州立大学で学位を，カリフォルニア州立大学アーヴィン校でPh.D.を取得している。

　ヴァン＝マーネン博士は，職業社会学，組織社会学の分野で多くの論文を発表しているが，その著作においてさまざまな職業の世界における文化的描写を行っている。アメリカ合衆国のパトロール警官，ロンドンの刑事，ノースアトランティックの1年生，MITやハーバード大学のMBA学生，（アメリカ，あるいは，その他の諸国の）ディズニーランドにあるシスティナ礼拝堂の造園専門家などを描写している。また，多くの著書も発表している。*Organizational Careers*（1977），*Policing: A View from the Street*（1978），*Tales of the Field*（2nd Edition, University of Chicago Press, 2011），*Qualitative Studies of Organizations*（1999），*Organizational Transformation and Information Technology*（Joanne Yates, 2001）などである。

　ヴァン＝マーネン博士は，アメリカ社会論理学学会の会員であり，アメリカ応用文化人類学学会のフェローでもある。また，*Administrative Science Quarterly*，*Human Organizations*，*Journal of Contemporary Ethnography*，*Human Relations*，*Journal of Organizational Ethnography*を始めとするさまざまな学術雑誌の編集委員としても活躍し，北米，ヨーロッパ，アジアの多くの公共機関や民間組織と連携して仕事を行っている。Li and Fung，BP，アメリカ合衆国内国歳入庁，Lafarge，Warbung Dillion Read，香港大学などである。ヴァン＝マーネン博士は，1994年から2000年までMITスローン校フェロー・プログラムの主任を務めていた。また，組織研究グループの主任としても活躍した（1995〜2000年，2003〜2008年）。

◉―監訳者紹介

木村琢磨（きむら　たくま）

現　在	法政大学キャリアデザイン学部准教授
	民間企業勤務，大阪経済大学経営学部専任講師を経て，
2009年	東京大学大学院経済学研究科博士課程修了
主　著	"A Review of Political Skill: Current Research Trend and Directions for Future Research," *International Journal of Management Reviews*, 17 (3), 2015
	"The Moderating Effects of Political Skill and Leader-Member Exchange on the Relationship between Organizational Politics and Affective Commitment," *Journal of Business Ethics*, 116 (3), 2013
	"Transformational Leadership and Job Satisfaction: The Mediating Effects of Perceptions of Politics and Market Orientation in the Japanese Context," *International Journal of Business Science and Applied Management*, 7 (1), 2012

◉―訳者紹介

尾川丈一（おがわ　じょういち）

現　在	Process Consultation Inc. (USA) CEO
	Ying Wang and Co., CPA's (Santa Clara, CA) Contractor
1982年	慶應義塾大学経済学部卒業
1993年	慶應義塾大学大学院社会学研究科後期博士課程社会学専攻（所定単位取得退学）
2009年	神戸大学大学院経営学研究科後期博士課程（所定単位取得退学）
主　著	『シャイン博士が語る　キャリア・カウンセリングの進め方―〈キャリア・アンカー〉の正しい使用法―』〈E. H. Schein Basic Library〉（共著：白桃書房，2017）
	『シャイン博士が語る　組織開発と人的資源管理の進め方―プロセス・コンサルテーション技法の用い方』〈E. H. Schein Basic Library〉（共著：白桃書房，2017）
	Organizational Therapy: Multiple Perspectives (2nd ed.).（共著：Process Consultation Inc., 2017）
訳　書	『神経症組織 ―病める企業の診断と再生―』（共訳：亀田ブックサービス，1995）
	『プロセス・コンサルテーション ―援助関係を築くこと―』（共訳：白桃書房，2002）
	『企業文化 ―生き残りの指針』（共訳：白桃書房，2004）
	『部下を持つ人のためのNLP（神経言語プログラミング）』（共訳：東京書籍，2005）
	『DECの興亡』（共訳：亀田ブックサービス，2007）
	『イカロス・パラドックス ―企業の成功，衰退，及び復活の力学―』（共訳：亀田ブックサービス，2006）
	『組織セラピー―組織感情への臨床アプローチ―』（共訳：白桃書房，2014）
	『企業文化［改訂版］―ダイバーシティと文化の仕組み―』（監訳：白桃書房，2016）

藤田廣志（ふじた　ひろし）

現　在	東海ライフキャリア・代表　キャリアコンサルタント
1973年	名古屋大学法学部卒業
	東海銀行（現三菱東京UFJ銀行），日本DBM・ドレーク・ビーム・モリン（現TCCテンプスタッフキャリアコンサルティング）を経て，キャリアコンサルタントとして独立
2012年	国家資格1級キャリアコンサルティング技能士，初年度検定合格
実　績	MCC東海・代表，キャリアコンサルティング技能士会幹事，NPO法人ブルーバード専務理事，日本産業カウンセラー協会中部支部副支部長，愛知教育大学・大学院特別講義講師　等
著　書	『キャリアカウンセリング・マスタープログラム』（分担執筆：テンプスタッフDBM，2012）
	『ワーク・ライフ・バランスの基礎力』（編著：NPO法人ブルーバード，2016）

パーティシパント・ワークブック
キャリア・マネジメント
──変わり続ける仕事とキャリア──　　〈検印省略〉

■発行日──2015年6月26日　初版発行
　　　　　2017年8月26日　第2刷発行

■著　者──エドガー H. シャイン／ジョン・ヴァン＝マーネン
■監訳者──木村琢磨
　　　　　　きむらたくま
■訳　者──尾川丈一・藤田廣志
　　　　　　おがわじょういち　ふじたひろし
■発行者──酒井輝彦
　　　　　　さかいてるひこ
■発行所──株式会社プロセス・コンサルテーション
　　　　　〒470-0225　愛知県みよし市福田町一本松18-4
　　　　　Tel 0561-76-9080　Fax 0561-76-9002
　　　　　E-mail info@pc-inc.jp
　　　　　http://www.process-consultation.jp/
■発売元──株式会社白桃書房
　　　　　　　　　　　はくとうしょぼう
　　　　　〒101-0021　東京都千代田区外神田5-1-15
　　　　　Tel 03-3836-4781　Fax 03-3836-9370
　　　　　振替 00100-4-20192
　　　　　http://www.hakutou.co.jp/

■印刷・製本──藤原印刷株式会社

© Process Consultation Inc. (Japan)　2015　Printed in Japan
ISBN978-4-561-25661-8 C3334

本書の全部または一部を無断で複写（コピー）することは
著作権法上での例外を除き，禁じられています。
落丁本・乱丁本はおとりかえいたします。